QUINZE ANNÉES DE SÉPARATION

PAUL BUREAU

QUINZE ANNÉES DE SÉPARATION

Étude sociale documentaire
sur la loi du 9 décembre 1905

> « Chaque parti peut se rappeler assez de défaites et assez de victoires, pour que le souvenir des unes dispose aux concessions nécessaires et que la mémoire des autres sauvegarde les légitimes fiertés ».
>
> *L'Indiscipline des Mœurs.*

PARIS

BLOUD & GAY, ÉDITEURS
3, rue Garancière, 3

SUCCURSALES

Calle del Bruch, 35	*20, South Anne Street*
BARCELONE	**DUBLIN**

1921
Tous droits réservés.

PAUL BUREAU

QUINZE ANNÉES DE SÉPARATION

Étude sociale documentaire
sur la loi du 9 décembre 1905

> « Chaque parti peut se rappeler assez de défaites et assez de victoires, pour que le souvenir des unes dispose aux concessions nécessaires et que la mémoire des autres sauvegarde les légitimes fiertés ».
>
> *L'Indiscipline des Mœurs.*

PARIS

BLOUD & GAY, ÉDITEURS
3, rue Garancière, 3

SUCCURSALES

Calle del Bruch, 35	*20, South Anne Street*
BARCELONE	DUBLIN

1921
Tous droits réservés.

AVANT-PROPOS

Lorsque au mois de décembre 1906, la loi du 9
décembre 1905 entra en vigueur, l'administration
du *Recueil de Jurisprudence Dalloz* me demanda
de me charger de l'annotation des décisions juri-
dictionnelles dont cette loi devait être l'occasion.
J'acceptai cette mission et, au cours des années
1909 et suivantes, je publiai, dans le *Recueil
Dalloz*, diverses notes où des observations d'ordre social venaient souvent éclairer des discussions de technique juridique.

Au bout de quelque temps, je fus frappé de
constater que les décisions intervenues ne répon-
daient d'aucune manière, ni aux craintes de sincères amis, ni — faut-il le dire en ce temps d'union

sacrée ? — aux espérances de certains adversaires
de l'Eglise catholique... ou de la République.

Aucun doute n'était possible ; les faits démen-
taient les prophéties, et les tireurs d'horoscopes en
étaient pour leurs frais. Sans égard aux espoirs
ou aux craintes assez troubles qui avaient été conçus, notre jurisprudence, interprète fidèle et des
textes législatifs et du besoin social manifeste, se
contentait d'édifier, dans le silence et la sérénité des
prétoires, une des constructions juridiques qui ho-
norent le plus la science, le libéralisme et la clair-
voyance de nos magitrats.

Comme il fallait s'y attendre, les politiciens, sou-
cieux de désordre et d'agitation, se gardèrent d'a-
vertir l'opinion de la mésaventure que l'expérience
infligeait à leurs prédictions, et presque personne
ne fut informé que cette loi de 1905, chargée des
pires accusations d'hostilité et d'oppression, donnait, en réalité, à l'Eglise de France des garanties
d'indépendance et d'orthodoxie telles qu'aucune
jurisprudence ne lui en avait donné de pareilles
depuis plus de six siècles.

On avait même si bien réussi à « surchauffer »
l'opinion qu'il parut pendant ~~pendant~~ quelques
années impossible d'incliner les intelligences aux
études impartiales et méthodiques. Aussi, en jan-

vier 1912, je me bornai à consigner le résultat de
mes observations sociales dans un double fascicule
de la Revue *la Science Sociale* où, documents en
mains, je montrai quelles étaient, en fait, les applications d'une loi qui avait suscité tant de con-
troverses.

A cette époque, il ne me convenait pas de livrer
à une large publicité une étude méthodique qui,
dans ma pensée, devait être réservée aux amis de
la *Société Internationale de Science Sociale*, pré-
servés par leurs habitudes de travail des partis
pris des clans politiques, et préparés à mieux
comprendre l'esprit même qui avait inspiré mes
recherches.

Mais, depuis 1912, de grands événements se sont
produits en France et hors de France ; les dures
expériences traversées par les soldats du front et
les immobilisés de l'arrière ont montré la valeur
sociale de l'union sacrée, et puisque, simultanément, un pape sincèrement ami de la paix et
clairvoyant croit pouvoir suspendre l'interdiction
prononcée par son prédécesseur à l'égard des « Cultuelles, » je n'ai plus aucune raison de laisser dans
la pénombre d'une revue des pages dont on m'assure que la lecture peut offrir quelque intérêt.

Telle est l'origine de ce petit livre ; à peine ai-je

apporté quelques modifications au texte de 1912, toutes les fois que les évènements survenus avaient enlevé leur intérêt à certains renseignements et à certains détails, ou, au contraire, en exigeaient de nouveaux. En tout cas, je n'ai modifié ni l'esprit, ni les conclusions, et ainsi mon étude apporte un témoignage à la valeur de la méthode d'observation appliquée aux phénomènes sociaux. Que de vains propos, que de sottises, que de conflits seraient évités, si on consentait enfin à appliquer aux évènements de la vie publique cette admirable méthode d'observation et d'analyse! Mais sans doute la vie des individus et des peuples deviendrait trop simple, trop belle, trop féconde, et les politiciens de droite et de gauche n'auraient plus les mêmes occasions de pêcher en eau trouble ou de passer pour de grands hommes!

QUINZE ANNÉES DE SÉPARATION

I

LA LOI DU 9 DÉCEMBRE 1905 : LES IDÉES DIRECTRICES.

Il est notoire que, sur l'invitation du Pape Benoît XV, les catholiques de France ont envisagé depuis quelques mois, une acceptation sincère du régime juridique institué par la loi du 9 décembre 1905 et un essai loyal du fonctionnement des associations cultuelles. Quelles seront les modalités de cette acceptation ? Au moment même où s'impriment les dernières feuilles de ce livre, personne ne peut le dire au juste. On avait songé à demander au Parlement une légère modification de la loi, et notamment la reconnaissance explicite de la « hiérarchie ». Du moins obtiendra-t-on du pouvoir exécutif certaines déclarations précises ? Ou bien se résoudra-t-on à une acceptation pure et simple ? L'avenir en décidera. Le seul fait que je veuille présentement retenir est que les catholiques français au début de cette année 1921, bien que le législateur républicain n'ait d'aucune manière modifié le texte de la loi de 1905, observent vis-à-vis de cette loi une attitude entièrement différente de celle qu'ils observaient en 1905.

Ce mouvement de « conversion » pose aussitôt au sociologue et à tout homme réfléchi une question. que le présent ouvrage a justement pour dessein d'élucider. Comment se fait-il qu'un pareil changement se soit produit ? Peut-il s'expliquer par la seule méprise des « fidèles », naguère trompés ou se trompant eux-mêmes sur le sens véritable de la législation qui leur a été proposée ? ou bien encore s'explique-t-il par la « conversion » des groupements politiques « de gauche » et des « enfants de l'esprit nouveau », qui, instruits par l'expérience de la guerre et la nécessité de restaurer la patrie, en seraient venus à mieux apprécier le service social de l'Eglise catholique. si bien que la loi de 1905, quoique demeurée fixe dans ses dispositions verbales, serait maintenant soumise à une interprétation entièrement nouvelle ?

Il se peut que l'une et l'autre de ces deux explications aient quelque valeur. Pourtant, elles sont insuffisantes pour rendre compte des grands changements survenus dans les dispositions des fidèles et des autorités religieuses à l'égard de la loi de 1905.

Les « conversions » n'ont été ni arbitraires, ni spontanées ; elles résultent de la victoire, remportée une fois de plus par la force puissante des choses et les exigences de la réalité sociale sur les combinaisons idéologiques des théoriciens en chambre et des politiciens mal informés. C'est à raconter cette curieuse histoire que vont être consacrées les pages qui vont suivre, et le récit en paraît d'autant plus désirable qu'il servira en même temps à renseigner les citoyens français sur la portée véritable et la signification de la loi qui va définitivement entrer en application et s'insérer dans la trame de notre vie nationale. Il est indispensable que les catholiques soient instruits de la teneur exacte du texte qui, sous le rapport civil, régira leurs institutions religieuses, et cette information, on le verra, contribuera en même temps à resserrer les liens de l'union sacrée. Elle comportera divers enseignements qui me paraissent, je l'avoue, de souveraine importance.

***

Si l'on veut comprendre les raisons qui justifiè-
rent, ou tout au moins excusèrent, l'hostilité des
catholiques à l'égard de la loi de 1905 et les interprétations si notoirement libérales qu'en ont données nos tribunaux depuis quinze années, il importe de bien connaître les dispositions intellectuelles dans lesquelles se trouvaient, et la majorité
parlementaire qui l'a votée, et le personnel administratif chargé de l'appliquer.

Deux textes fondamentaux ont constitué depuis
quatorze années la charte du régime juridique des
catholiques français : la loi du 9 décembre 1905
« concernant la séparation des Eglises et de
l'Etat », la loi du 2 janvier 1907 « concernant
l'exercice public des cultes ».

Quelle pensée, quelle doctrine, guidaient les auteurs de ces lois ? quel était leur dessein ! quel plan
voulaient-ils réaliser ?

Si l'on consulte l'ensemble des documents très
nombreux : exposé des motifs, projets et proposi-
tions de loi, débats parlementaires, circulaires administratives, discussions diverses hors du Parle-

ment, il semble que trois pensées essentielles ont guidé le législateur nouveau.

En premier lieu, il s'inspire d'une pensée de large tolérance et de liberté. Sans doute, cette affirmation ne laissera pas que de surprendre certaines personnes peu habituées, et pour cause, à entendre constater le libéralisme d'un parti républicain qui mena pendant plus de trente années. contre l'Église catholique et contre les fonctionnaires suspects de lui être attachés, le combat que l'on sait ; ces personnes ne manqueront pas de signaler que, parmi les parlementaires qui ont voté la réforme, la proportion était grande de ceux qui la considéraient comme une arme nouvelle et précieuse dans la grande bataille engagée, et tout au plus concéderont-elles que le libéralisme extérieur n'était qu'une feinte, afin de mieux dissimuler les sentiments réels de persécution et d'intolérance. A ces lecteurs nous nous contenterons de faire remarquer d'abord que le précepte, auquel doit obéir toute recherche scientifique, ordonne de tenir pour sincères et véridiques les affirmations et les témoignages recueillis, aussi longemps qu'on ne rapporte pas la preuve formelle de leur fausseté. En second lieu, il n'est pas contradictoire d'affirmer que la législation de 1905 s'inspire d'une pensée de large tolérance et de liberté, en tant qu'elle institue le régime nouveau des cultes, et de soutenir en même temps que cette législation a pu être considérée par les catholiques comme une mesure de persécution, notamment à raison des circonstances qui en ont précédé, provoqué ou accompagné la promulgation. On peut expliquer de bien des manières ce libéralisme de la législation nouvelle, notamment on peut soutenir qu'il était en quelque sorte obligatoire pour ceux qui voulaient faire aboutir une réforme que les traditions séculaires de notre histoire semblaient, aux yeux de quelques-uns, rendre irréalisable ; quoi qu'il en soit de ces motifs — et nous laissons au lecteur le soin de ce dosage délicat — le libéralisme de cette législation nouvelle est incontestable ; et, quoique, sur certains points, cet esprit libéral ait dû engager contre une autre pensée directrice de rudes batailles dont il n'est pas toujours sorti victorieux, on ne saurait nier qu'il ne soit lui-même un des principes qui inspirent les réformateurs.

Ce libéralisme apparaît en termes très formels, dans l'article 1er ainsi conçu : « La République assure la liberté de conscience. Elle garantit le libre exercice des cultes sous les seules restrictions édictées ci-après dans l'intérêt de l'ordre public. »

Dans son rapport à la Chambre des Députés [1], M. Briand justifiait en ces termes ce texte essentiel :

« Le régime nouveau des cultes qui vous est proposé touche à des intérèts si délicats et si divers, et opère de si grands changements dans des coutumes séculaires, qu'il est sage avant tout de rassurer la susceptibilité éveillée des fidèles en proclamant solennellement que non seulement la République ne saurait opprimer les consciences ou gèner dans ses formes multiples l'expression extérieure des sentiments religieux, mais encore qu'elle entend respecter et faire respecter la liberté de conscience et la liberté des cultes. Ainsi la Révolution et la première République procédaient noblement sur le seuil de chaque grave réforme, par l'affirmation des principes généraux. Mais il n'y a pas seulement ici un retour à une tradition républicaine. Si minutieusement rédigée que soit une loi aussi considérable, dont tous les effets doivent être prévus par des dispositions de droit civil, de droit pénal et de droit administratif, elle contient inévitablement des lacunes et soulève des difficultés nombreuses d'interprétation. Le juge saura, grâce à l'article placé en vedette de la réforme,

1. (Annexe du procès-verbal de la deuxième séance du 4 mars 1905, n° 2302, p. 185).

dans quel esprit tous les autres ont été conçus et adoptés. Toutes les fois que l'intérêt de l'ordre public ne pourra être légitimement invoqué, dans le silence des textes ou le doute sur leur exacte application, c'est la solution libérale qui sera le plus conforme à la pensée du législateur... La liberté, octroyée au culte catholique par l'article 1er du Concordat, comportait des restrictions considérables que le projet de loi supprime en proclamant la liberté d'association religieuse, la liberté de réunion et la liberté des lieux de culte. Il n'y aura plus d'autres limites au libre exercice des cultes que celles qui sont expressément édictées dans l'intérêt de l'ordre public par le projet de loi lui-même. »

Conformément à cette déclaration, ces limites ont été reculées sensiblement plus loin que ne l'espéraient les esprits les plus optimistes, et « les exigences de l'ordre public », si astucieusement développées par les gouvernements autoritaires de tous les temps, n'ont pas ici étranglé la liberté promise. Ainsi le gouvernement ne s'immisce d'aucune manière dans le choix du personnel de la hiérarchie religieuse : cardinaux, évêques, curés des paroisses plus importantes ; il ne contrôle ni leurs doctrines, ni leur enseignement théologique, ni leurs réunions ou leurs démarches, et pour qui connaît notre histoire de France depuis la Pragmatique Sanction de Bourges en 1438, *et antérieurement*, il apparaîtra certainement que ce sont là des nouveautés libératrices.

Semblablement, un régime libéral est institué en faveur des associations cultuelles « qui se constitueront en se conformant aux règles d'organisation générale du culte dont elles se proposent d'assurer l'exercice »; celles-ci hériteront des biens mobiliers et immobiliers des menses, fabriques, conseils presbytéraux, consistoires et autres établissements publics supprimés, sur la seule désignation des représentants légaux de ces établissements (art. 4), et on édicte en leur faveur des règles extensives de la capacité de posséder un patrimoine dont ne bénéficient aucune autre association, pas même les syndicats professionnels (art. 19 et 22). Elles peuvent former entre elles des unions dont l'extension n'est pas limitée, et il est donc loisible de concentrer en une seule fédération toutes les associations cultuelles du territoire (art. 20). Les édifices affectés à l'exercice du culte sont exempts de l'impôt foncier et de l'impôt des portes et fenêtres (art. 24), et doivent être laissés gratuitement à la disposition des associations attributaires des biens des menses, fabriques ou consistoires dispa-

rus, et, afin que le caprice d'un petit tyranneau
de village ne puisse molester les fidèles dans cette
jouissance des édifices cultuels, il est expressément stipulé que la désaffectation d'une église ne
pourra être prononcée que par décret rendu en
Conseil d'État (art. 13).

De même le titre V, relatif à la police des cultes,
et à l'égard duquel le souvenir des anciennes lé-
gislations, notamment des Articles organiques du
Premier Consul, pouvait autoriser toutes les mé-
fiances, se distingue par son extrême sobriété et
sa brièveté. On se borne à exiger que « les réunions
pour la célébration d'un culte dans les locaux appartenant à une association cultuelle ou mis à sa
disposition » soient « publiques » ; et dérogeant à
la loi de 1881, on ne requiert qu'une seule déclaration pour toutes les réunions de l'année (art. 25).
On interdit de tenir des réunions politiques dans
les locaux servant habituellement à l'exercice d'un
culte (art. 26). Des dispositions minutieuses sont
prises pour empêcher que l'autorité municipale ne
réglemente arbitrairement les sonneries religieuses des cloches ; sur ce point on déroge même
gravement aux principes traditionnels et sacro-
saints de notre droit administratif, en décidant
que le seul désaccord entre le maire et le président

ou le directeur de l'association cultuelle suffira
pour que l'arrêté municipal soit considéré comme
non avenu, et un arrêté préfectoral, passible à son
tour d'un recours au Conseil d'État, tranchera le
conflit (art. 27). Enfin l'article 31 dont nous re-
trouverons plus loin les intéressantes applications
dispose que : « Sont punis d'une amende de 16 à
200 francs et d'un emprisonnement de six jours à
deux mois, ou de l'une de ces deux peines seulement ceux qui, soit par voies de faits, violences ou
menaces contre un individu, soit en lui faisant
craindre de perdre son emploi ou d'exposer à un
dommage sa personne, sa famille ou sa fortune,
l'auront déterminé à exercer ou à s'abstenir d'exercer un culte, à faire partie ou à cesser de faire
partie d'une association cultuelle, à contribuer ou
à s'abstenir de contribuer aux frais d'un culte. »
Encore une fois, toutes ces dispositions témoignent
certainement d'un esprit libéral et la loi de 1905,
prise en elle-même, atteste le dessein de laisser
loyalement chaque culte et chaque secte religieuse
suivre librement la voie qu'elle s'est tracée. Suivant ses forces, ses dogmes, ses cérémonies, ses
méthodes et ses ressources en hommes et en ar-
gent, chaque religion parviendra à telles destinées
que comporte le milieu social au sein duquel elle

se développe ; l'État ne s'immisce point dans ses affaires et lui garantit un premier bien : la liberté.

Mais l'État ne va pas plus loin et une deuxième pensée, non moins essentielle, inspire la conduite du législateur de 1905 : celui-ci veut garder à l'égard de tous les cultes, soit entre eux, soit à l'égard de leurs adversaires communs, une stricte et complète neutralité. Il n'est point téméraire de rappeler ici que le gouvernement de la Troisième République, depuis bientôt trente-cinq années, s'est donné pour tâche primordiale, de fonder exclusivement la morale individuelle et la morale sociale, et par conséquent la vie sociale tout entière, sur les seules données de la raison ; et par raison, on entend seulement la faculté de l'homme par laquelle celui-ci est capable de déduire logiquement les conséquences nécessaires de principes dont il a, au préalable, contrôlé méthodiquement la certitude par une observation externe. Cette prémisse posée, ce gouvernement ne pouvait se montrer que fort peu sympathique ou même hostile aux efforts des différents groupements religieux qui ont assumé la mission de rappeler aux individus les liens mystérieux et transcendants qui les unissent à un Être infini digne d'être adoré,

prié et aimé. Aussi la liberté promise par la loi
de 1905 aux différents cultes est-elle très loin
d'être une liberté dans la sympathie ou la bienveillance; c'est strictement une liberté dans l'indifférence et la neutralité. L'article 2 vient aussitôt
compléter l'article 1er et on ne peut douter que la
plupart des partisans de la loi ne donnent à ce
complément une valeur particulière que ne réussirait jamais à prendre à leurs yeux l'affirmation
libérale de l'article 1er. « La République ne reconnaît, ne salarie, ni ne subventionne aucun culte.
En conséquence, à partir du 1er janvier qui suivra
la promulgation de la présente loi, seront suppri-
mées des budgets de l'État, des départements et
des communes, toutes dépenses relatives à l'exercice des cultes ». La République professe qu'elle
est un Etat *laïque* et, par cet adjectif, elle entend
qu'elle demeure étrangère et indifférente, non pas
seulement à la valeur philosophique ou doctrinale
de l'enseignement donné par les différentes religions, mais même à la valeur morale et sociale
de cet enseignement. Quoique depuis trente-cinq
années, les partis de nuance diverse qui ont gou-
verné la République, soient convaincus de la no-
cuité sociale et morale des différentes religions, cependant la République promet de rester neutre

en face de ces religions. L'ardeur des convictions qui animent le gouvernement rendra parfois malaisée l'exécution de cette promesse et, sans doute, on ne sera pas toujours capable de tenir l'engagement. En tous cas, la promesse est faite ; la République restera loyalement et équitablement neutre ; elle s'interdit de favoriser aucun culte et par là même d'en combattre aucun, puisque ce serait encore une manière de favoriser ses rivaux. Chaque citoyen, sans recevoir aucune impulsion, ni aucun encouragement, recherchera, sous sa propre responsabilité, s'il lui convient d'adhérer à une confession religieuse, et de même, chaque culte ne devra compter que sur ses seules ressources pour assurer sa propagande et le recrutement de ses fidèles et de ses ministres. La République est un Etat laïque et ne peut promettre aux divers cultes que l'indifférence et la neutralité.

Si le législateur de 1905 s'était borné à s'inspirer des deux pensées essentielles que je viens de rappeler, il est fort probable que la loi de séparation des Eglises et de l'Etat, en dépit des conditions étranges, et même injurieuses pour l'autorité hiérarchique de l'Eglise, dans lesquelles elle avait été élaborée et promulguée, aurait quand

même été acceptée par les catholiques et par l'autorité religieuse. A maintes reprises, dans le passé, l'Eglise a donné des preuves pareilles d'abnégation, et lorsque le salut des âmes est en cause de grands sacrifices peuvent et doivent être acceptés. Mais, une troisième pensée, plus subtile, si subtile même que pour la traduire les mots font presque défaut, inspirait encore la conduite du législateur de 1905. Et la vérité est que celui-ci poursuivait la chimérique prétention de rester complètement étranger, externe, *extraneus* si l'on peut dire, aux affaires de ces religions et aux litiges qui pourraient surgir, soit entre fidèles et non fidèles, soit entre fidèles attachés à un même culte.

Pour faire entendre cette théorie très spéciale, et que ses initiateurs ou partisans eux-mêmes n'ont jamais explicitée parfaitement, il importe de dissiper d'abord une équivoque que recouvre le mot lui-même de séparation des Eglises et de l'Etat.

Une première manière de comprendre le régime de séparation est celle qui prévaut aux Etats-Unis d'Amérique. Sur le territoire de ce grand État fédéral, il est vrai, comme en France, que la République ne salarie, ni ne subventionne

aucun culte, mais le législateur américain, fidèle
à cet esprit pratique et réaliste vers lequel se
tourne naturellement la sympathie des sociétés
anglo-saxonnes. s'est bien gardé de joindre à ces
deux verbes celui qui occupe la première place
dans notre article 2 : la République ne *reconnaît*.
Loin de se croire obligé « d'ignorer » qu'il existe
sur le territoire américain des citoyens qui, à la
suite d'une investiture canonique et pontificale.
portent le nom et exercent les fonctions d'évêques, puis d'autres citoyens qui exercent les
pouvoirs de pasteurs de l'Eglise épiscopalienne,
puis encore des femmes qui portent le nom de
Sœurs du Sacré-Cœur, ou de Sœurs de Saint-
Vincent de Paul, le législateur américain a cru au
contraire qu'il n'y avait aucun inconvénient à
« reconnaître » l'existence de ces différentes personnes ainsi qualifiées. Quel scrupule en effet aurait pu l'arrêter, puisque. d'autre part, il esti-
mait que le résultat social des efforts de ces
personnes ou groupements était utile à la bonne
marche de la collectivité tout entière ? Aussi,
chaque année. le nombre est grand des lois
votées par les législatures locales. au profit particulier de telle ou telle association religieuse : lorsqu'un groupement religieux estime que la loi

générale est peu appropriée à ses besoins personnels, il demande une charte particulière d'incorporation qu'il obtient sans difficulté [1], et de même les pouvoirs publics n'hésitent pas à manifester ostensiblement leur sympathie, voire leur admiration, à l'égard de tel ou tel personnage éminent dont l'apostolat religieux a bénéficié d'une célébrité particulière [2].

La trame des événements historiques qui se sont déroulés en France depuis cent cinquante ans ne permettait point que la séparation des Eglises et de l'Etat fût conçue de cette manière, puisque, comme nous l'avons dit, le parti politi-

---

1. Pendant une vingtaine d'années, j'ai publié dans l'*Annuaire étranger de la Société de législation comparée* le compte-rendu des lois de l'État de New-York : à chaque session, plusieurs chartes d'incorporation de ce genre étaient votées.

2. Voici, à titre documentaire, la carte d'invitation lancée au mois de mai 1911 par le Comité qui avait pris l'initiative d'une fête en l'honneur du cardinal Gibbons, à l'occasion de son jubilé sacerdotal : « Une réception publique sera donnée dans la salle d'armes du 5ᵉ régiment à Baltimore (Maryland), le mardi 6 juin, à 4 heures du soir, en l'honneur de S. E. le cardinal Gibbons, pour célébrer le cinquantième anniversaire de son sacerdoce. Prendront la parole : le président W. H. Taft, le vice-président J. S. Shermann, le garde des sceaux E. Douglas White, l'ancien président Théodore Roosevelt. Des membres du Sénat et de la Chambre des Représentants ainsi que le maire actuel de Baltimore et l'évêque méthodiste seront présents ».

que qui était seul capable de la faire aboutir
avait justement posé une prémisse directement
contraire au jugement que nos frères d'Amérique portent sur la valeur sociale des institutions
religieuses. Aussi, lorsque la loi de 1905 vint en
discussion, les principaux chefs des groupements
politiques qui la soutenaient s'efforcèrent-ils de
faire consacrer par la loi le principe que les pouvoirs publics devraient désormais demeurer *étrangers* à tout contact avec les différents cultes,
n'ayant ni à les combattre, ni moins encore à les
soutenir, ni même *à les connaître ou à les reconnaître*. Nous verrons plus loin dans quelle
mesure la réalité des faits sociaux a permis
l'observation de ce dernier précepte ; il importe
en ce moment de bien montrer que ce précepte
même d'ignorance, de prétérition, d'extranéité
tient une des premier places dans les préoccupations des partisans les plus réfléchis de la loi.
Dans une réunion privée tenue le 19 février 1905,
M. Ferdinand Buisson s'exprimait en ces termes :

« Au lendemain de la Séparation, on établit une consul-
tation nationale ; on demande aux catholiques de se grouper en associations catholiques, aux protestants de se
grouper en associations protestantes. Qui pourra ce jour-là
se dire catholique ou protestant ? Celui qui, la veille, en

avait le droit incontesté, qui figurait sur les registres de la paroisse à un titre quelconque.

« Si une irrégularité matérielle se produit, j'admets, dans ce cas, l'intervention des tribunaux. Pour les autres cas, il reste des citoyens qui, étant actuellement reconnus comme catholiques, déclarent vouloir contribuer ensemble à l'exercice du culte catholique. Aux yeux de l'État, ils ont tous les mêmes droits. Je ne crois pas qu'il se trouve à la Chambre une majorité pour demander à l'État de prononcer entre eux.

M. l'abbé Klein. — L'État prononcera sur ceux qui sont catholiques.

M. Buisson. — « L'État ne le peut pas. Ceux qui veulent s'inscrire le font, on ne peut le leur refuser. Il se tient une assemblée générale de fondateurs : elle est souveraine d'après la loi de 1901.

« Mais on suppose que les associés ne s'entendent pas, qu'ils se divisent. On suppose qu'une partie d'entre eux se sépare, ne veut plus rester dans la maison commune. Il n'y a pas de question. On ne peut les retenir de force. On ne peut pas non plus choisir entre les deux groupes. De quel droit l'État donnerait-il l'église aux uns plutôt qu'aux autres ? »

Et comme M. Anatole Leroy-Beaulieu fait remarquer qu'en pareille hypothèse les tribunaux se prononceraient en faveur des catholiques unis aux évêques et au pape, et qu'un « tribunal quelconque jugera ainsi dans tous les pays du monde : c'est une question de bonne foi. »

M. Salomon Reinach s'empresse de faire ses réserves : « A moins qu'il ne se déclare incompétent. »

Et M. Buisson d'ajouter. — « A moins que la
loi n'y ait pourvu autrement [1]. »

Quelques instants après, on demande à M. Buisson si, en cas de scission à l'intérieur d'une association cultuelle, l'État garantirait à la majorité
la possessiou des édifices, et aussitôt l'honorable
député se hâte de répondre :

« Pas du tout ! Ce serait une spoliation fondée sur une
question d'orthodoxie que l'État ne connaît pas.

M. Arthur Fontaine. — « Si vous voulez maintenir
l'usage exclusif des édifices à une partie de l'association
primitive, ou si vous voulez faire un partage entre les ayants
droit, il faudra que les tribunaux interviennent.

M. Buisson. — « Il faudra que la loi défende aux tribunaux d'intervenir : autrement ce serait retourner au moyen-
âge. Les citoyens eux-mêmes font l'association. Quelles que
soient leurs divisions, l'État n'a pas à s'immiscer dans
leurs affaires. Il ne peut que répéter cet excellent décret de
la Convention qui disait à peu près ceci : « Si des citoyens
de culte différent (à plus forte raison de même culte)
réclament concurremment l'usage du même local, il leur

1. *Union pour l'action Morale* (*Libres Entretiens*), n° 6, avril
1905. Compte-rendu du cinquième entretien sur la Séparation des Églises et de l'État, du 19 février 1905, p. 284-286.

sera commun », et qui chargeait la municipalité d'en régler
eutre eux l'usage à l'amiable au mieux de la paix publique.
Cela suffira le plus souvent pour qu'ils se décident à se
mettre d'accord.

« … Si la moitié d'une association se sépare du pape,
tandis que l'autre lui reste fidèle, cela ne regarde pas l'État.
Il n'y aurait qu'un moyen de faire intervenir les tribunaux,
et vous reculerez devant ce moyen : ce serait qu'il y eût
dans les statuts eux-mêmes un article théologique qui
obligerait explicitement les sociétaires à prendre un engagement formel d'obéissance au curé, à l'évêque et au pape,
sous peine d'être considérés *ipso facto* comme démission-
naires… Les tribunaux feraient application de cet article.
Mais pratiquement, c'est une solution que personne ne pro-
posera… Acceptez que l'État ne traite pas avec l'Église,
mais avec les citoyens qui se réunissent en Église. Un
abbé vient à changer d'opinion sur quelque point de doctrine ou de discipline ecclésiastique ; il fait partager ses
nouvelles convictions à ses ouailles ou à une partie de ses
ouailles. Que fera l'État ? Je commence par le cas le plus
simple, le cas où l'association est unanime, suit tout entière l'évolution de son chef spirituel. Rome protestera.
Mais l'État devra laisser la possession du local à l'association si les paroissiens sont unanimes.

« Je passe au second cas, celui où les paroissiens se par-
tagent. A qui restera le local ? Je réponds à tous deux ; car
l'État n'a pas à trancher la querelle [1]… »

Et l'honorable député, qui n'est ici que l'inter-

1. *Loc. cit.*, p. 292-295.

prète du sentiment unanime des groupe radicaux auquel il se rattache, insiste sur ce fait que :

« Actuellement, l'église du village sert à tous les catholiques, à ceux qui, adultes, n'y entrent plus guère que pour les mariages et les enterrements, tout comme à ceux qui accomplissent régulièrement leurs devoirs religieux. Il y a pour l'usage de ces biens une association de fait qui comprend *toute* la paroisse [1]. » Or, il faut que l'édifice cultuel reste à la disposition « de *tous* les fidèles. Si quelques-uns d'entre eux, ne pouvant, pour un motif quelconque, supporter le contact de leurs frères, réclament pour eux seuls l'usage exclusif de l'église, l État se refuse à leur prèter main-forte. Il ne les chasse pas, mais il se refuse à chasser les autres. Le seul résultat de leur intolérance, c'est que plutôt que de s'entendre avec les autres, ils aimeront mieux s'en aller ; c'est leur affaire ».

On excusera ces longues citations ; elles étaient nécessaires pour dégager les dispositions intellectuelles très particulières dans lesquelles se trouvaient les hommes politiques les plus réfléchis parmi ceux qui s'étaient donné la mission de faire aboutir la loi de séparation. Ainsi il ne s'agit pas seulement. tâche facile, de recommander aux fonctionnaires, notamment aux préfets, de rester

---

1. M. Arthur Fontaine, *loc. cit.*, p. 290.
2. M. Buisson, *loc. cit.* p. 295.

neutres et impartiaux en face des différents cultes: il faut que les pouvoirs publics et spécialement l'autorité judiciaire même, que les particuliers ont pourtant la mauvaise habitude de saisir de leurs litiges toutes les fois qu'un conflit s'élève, *ignorent et passent par prétérition* ces cultes divers en tant qu'institutions sociales existantes. L'ignorance, la prétérition, l'extranéité totale, telle est la seule méthode qu'on veuille adopter à l'égard de ces institutions religieuses ; non pas qu'on conteste leur existence réelle, et le souvenir cuisant des âpres et récentes batailles suffit à lui seul à préserver de pareille méprise, mais, puisque l'institution est jugée malfaisante et funeste, le système de la prétérition, de la non-reconnaissance est encore le meilleur : seul il permet d'éviter le double péril auquel le pouvoir laïque est exposé. Supposez, en effet, que la République « reconnaisse » les différents cultes : elle ne le pourrait faire que pour les combattre et lutter contre eux, ce qui lui donnerait un rôle de persécuteur que son intérêt et ses principes lui interdisent de prendre. Serait-ce, au contraire, pour sanctionner les droits de leur orthodoxie et de leur hiérarchie, les droits du pape sur un évêque, d'un évêque sur un prêtre, d'un prêtre

sur un fidèle? Mais que! « républicain de gauche » accepterait pareille humiliation ? Les prétoires de la République retentiraient des échos
de discussions théologiques pointues renouvelées
du moyen âge, et la force publique de l'Etat laïque devrait, au besoin *manu militari*, veiller à
l'exécution de sentences rendues au profit de
l'orthodoxie et de la hiérarchie. Inacceptable
fonction! Aussi l'abstention, l'extranéité est-elle
la seule attitude possible. En aucun cas, les tribunaux ne devront avoir à trancher des litiges
s'élevant entre fidèles, ou entre fidèles et ministres du culte, ou entre fidèles et non fidèles. Le
plan dans lequel se développent ces conflits doit
être un plan à part, séparé de tous les autres,
sans contact possible avec le plan d'activité des
autorités judiciaires ou administratives : autrement, la législation nouvelle aboutirait à reconnaître le pape, les évêques, la hiérarchie, le dogme
et le reste, et comme elle leur donne l'indépendance, « la situation serait pire que sous le régime du Concordat[1] ». Si on allègue que cette
incompétence absolue des tribunaux en matière
d'orthodoxie ou de non-orthodoxie laisse une

____

1. M. Buisson, *loc. cit.*, p. 287.

lacune, un trou dans la loi nouvelle, M. Buisson
s'empressera de répondre, — et nous prions le
lecteur de se souvenir de cette réponse :   .

« Ce trou, c'est toute la loi ! C'est la garantie
de l'inviolabilité du droit commun de tous les
catholiques contre l'accaparement au profit de
quelques-uns [1] ».

Aussi avec quel soin le législateur de 1905
maintient-il tout le long des textes son postulat
essentiel : nous ne connaissons aucune Église,
nous ne connaissons que des citoyens accomplissant des actes cultuels. Vainement chercherait-on
dans la loi la moindre allusion à la hiérarchie, au
pape, aux évêques, ni à aucune de leurs attributions ; une seule fois les ministres des cultes sont
nommés (art. 11), lorsqu'il s'agit de liquider le
passé et de déterminer le chiffre des pensions
viagères auxquelles ils auront droit.

Ce souci si vif d'extériorité, d'ignorance ne va
pas sans nuire au désir non moins vif de demeurer largement libéral : parfois il s'engage entre
eux, dans l'âme de nos parlementaires, des com-
bats douloureux qui inquiètent la conscience des
catholiques, et qui tournent au désavantage de

1. Réponse à une question de M. l'abbé Hemmer, *Libres Entretiens,* séance du 12 mars 1905, p. 376.

l'esprit libéral. C'est à une de ces défaites qu'est
due la rédaction du célèbre titre IV, relatif aux
« associations pour l'exercice du culte ». Puisque,
pour les groupements comme pour les individus,
le mode de possession des biens n'est que la pro-
jection dans l'ordre économique des principes de
leur constitution, l'esprit libéral eût voulu que l'on
admît à l'égard de l'Église catholique un mode de
vie patrimoniale calqué sur la constitution de sa vie
religieuse ; mais alors on eût reconnu l'existence du
pape, des évêques et des curés, et nous savons que
l'orthodoxie laïque interdit pareille reconnaissance.
Aussi décidera-t-on que les seules personnalités juridiques, douées de capacité civile, seront les associations cultuelles prévues par les articles 18 et
suivants et par une dérogation illibérale au droit
commun des associations, posé par la loi de 1901,
qui admet que deux personnes suffisent pour la constitution d'une association, on exige ici sept personnes au moins, afin qu'on ne puisse pas, « au
lendemain de la séparation, constituer des associations de deux ou trois personnes, le curé, le bedeau
et un tiers... S'il y avait quarante mille associations comme cela en France, ce serait là une organisation de combat, impossible à accepter [1] ».

1. *Libres Entretiens*, M. Buisson, *loc. cit.*, p. 281.

Parfois la rivalité entre les deux tendances amène le législateur à des compromissions étranges dont l'étude se recommande aux amateurs d'analyse psychologique subtile. Nulle part cette rivalité ne se manifesta plus ardente qu'à l'occasion des articles 4 et 8, dont la rédaction donna lieu aux incidents célèbres dont le lecteur a sans doute gardé le scuvenir. L'article 4 dispose que les biens des anciens établissements de culte (menses, fabriques, consistoires, etc.) seront tranférés « aux associations cultuelles qui se constitueront *en se conformant aux règles d'organisation générale du culte dont elles se proposent d'assurer l'exercice* ». Formule compromettante qui suppose que chaque culte a des règles particulières d'organisation. Mais alors, on « reconnaît » donc l'existence des différents cultes, et de chacun en particulier ! L'article 2 a cependant posé le principe primordial, indéfectible de la non-reconnaissance, de l'omission par prétérition. Sans doute, mais à côté des principes, il y a aussi la force des choses et parfois celle-ci est à ce point méconnue qu'elle n'attend même pas la période de l'application d'une loi pour prendre sa revanche ; elle contraint le législateur lui-même à insérer dans son propre texte des formules contradictoires qui témoignent de la résistance intérieure que les faits opposent aux théories abstraites. On dut constater ici une réaction de ce genre, puisqu'on ne pouvait, sans exposer le pays à une effroyable guerre religieuse, dispenser les associations cultuelles, héritières des biens des anciens établissements de culte de se conformer aux règles organiques du culte auquel elles prétendaient se rattacher. Avec une belle indifférence, la commission s'était désintéressée de ce conformisme ; mais au cours des débats il fallut accéder à l'addition de la condition indispensable [1].

1. Les débats parlementaires relatifs à cet article offrent, au point de vue social, tant d'intérêt et se rattachent si étroitement aux développements ultérieurs de cette étude qu'il nous paraît indispensable d'en reproduire un résumé succinct. — Jusqu'au 18 avril 1905, la commission de la Chambre s'était bornée à décider, dans son projet d'art. 4, que la dévolution des biens serait faite,:

« ... Aux associations qui se seraient légalement formées pour l'exercice du culte, dans les anciennes circonscriptions des dits établissements ».

L'insuffisance et le péril de ces termes avait été signalée par un certain nombre d'amendements, mais aucune des rédactions proposées n'avait été accueillie par la commission ; la plupart exigeaient que, sous une forme quelconque, les associations, cultuelles attributaires aient obtenu l'agrément préalable des évêques, représentant la hiérarchie pour l'Église catholique, ou des consistoires, c'est-à-dire des principaux membres élus, pour le culte protestant et pour le culte israélite.

D'ailleurs, la majorité parlementaire garda le
ressentiment de l'humiliation que la réalité sociale

Cette première disposition de l'art. 4 avait donné lieu,
dans la discussion générale, comme dans la discussion des
art. 2, 3 et 4, à de vives critiques, spécialement de la part
de MM. les députés Ribot, Deschanel, Barthou, Auffray. —
Sous l'impression produite par ces discours, la commission
de la Chambre accepta successivement des amendements
présentés par M. Boucher d'un côté, par M. de Pressensé de
l'autre, et consistant à dire que l'attribution serait faite
par les représentants légaux des anciens établissements :
aux associations qui non seulement se seront légalement
formées suivant les prescriptions de l'art. 17 (art. 10 de la
loi), mais « *qui se seront conformées aux règles d'organisation
générale du culte* dont elles se proposeront d'assurer l'exercice ».

M. le député Ribot a apprécié ainsi qu'il suit cette rédaction nouvelle de la commission, qui est devenue le texte
définitif de l'art. 4 : « Le fait que je signale, c'est l'organisation hiérarchique de l'Église catholique ; vous pouvez la
critiquer, mais elle existe : l'autorité des évêques s'exerce
non seulement dans les questions de doctrine, ce qui est
trop évident, mais aussi dans les questions d'organisation
temporelle, en ce sens que toutes les associations, toutes
les commissions d'administrateurs des biens d'Église, des
biens destinés au culte doivent rester soumises à l'autorité
de l'évêque, agir avec son approbation, avec son agrément.
Tel est le fait sur lequel nous devons tous être d'accord.

M. *Levraud* et plusieurs de ses collègues à l'extrême gauche. — « Mais non !

M. *Ribot.* — « Je ne vous demande pas, à vous qui n'êtes
pas catholiques, de déclarer que c'est une bonne organisation, mais c'est un fait.

« Si la commission pense, en effet, que l'on ne pourra
faire la dévolution des biens, qu'on ne pourra remettre les

lui avait infligée et, lorsque, dans l'article 8, il fallut prévoir la double hypothèse soit d'un refus

églises qu'à des associations qui seront en communion avec
l'évêque, soumises à l'autorité épiscopale et créées par elle,
je demande à M. le rapporteur de donner cet éclaircisse-
ment ; nous pourrons ainsi simplifier et peut-être abréger
la suite du débat.

« A mon sens, la rédaction qui nous est soumise est évidemment préférable, dès à présent, aux précédentes. Elle
paraît se rapprocher des idées que nous avons nous-même
exposées à cette tribune. Je demande simplement à M. le
rapporteur de vouloir bien nous dire, avec l'autorité particulière de sa fonction, quel sens précis il attache à la formule adoptée par la commission » (Chambre, discours de
M. le député Ribot, 2e séance du 20 avril 1905, p. 1607).

A cette question si nette, M. le rapporteur Briand a répondu :

... « Nous nous trouvons, messieurs, en face d'une question délicate et qu'il faut absolument trancher selon l'équité
et j'ajouterai selon la loyauté.

« Aucun malentendu ne doit subsister. Nous ne voudrions
pas que quelqu'un, demain, puisse nous accuser d'avoir
tendu, au moyen d'une des dispositions de la loi, un piège
sous les pas de l'Église.

« A l'heure où va être faite la dévolution des biens, nous
sommes en présence de trois Églises : l'Église catholique,
apostolique et romaine, l'Église israélite, l'Église protes-
tante. Ces Églises ont des constitutions, que nous ne pouvons pas ignorer ; c'est un état de fait qui s'impose ; et notre
premier devoir, à nous législateurs, au moment où nous
sommes appelés à régler le sort des Églises dans l'esprit de
neutralité où nous concevons la réforme, c'est de ne rien
faire qui soit attentatoire à la libre constitution de ces
Églises.

« Le patrimoine de l'Église catholique est la propriété de

de dévolution au profit d'une association cultuelle,
de la part des représentants légaux des anciens

la collectivité religieuse constituée pour assurer l'exercice
et l'entretien de ce culte. Or, c'est un culte déterminé...

M. le baron Amédée Reille. « C'est cela.

M. le rapporteur... — « que nous connaissons aujourd'hui
d'après son organisation particulière et que nous n'avons
pas le droit de fixer par une *interprétation* trop stricte et
trop rigoureuse.

... « Il est plus que probable, il est certain, que les associations seront composées, sinon en totalité, du moins en
majeure partie, des membres qui constituent, à l'heure actuelle, les établissements publics du culte.

« Que fera l'Église catholique au moment où elle consti-
tuera ces associations?

« Elle leur donnera une formule, un statut qui sera uniforme dans la France entière. Il faut vous attendre à ce
que demain les associations catholiques se constituent pour
entretenir et pratiquer la religion catholique, apostolique
et romaine conformément aux règles et à la prescription de
cette Église. Et ces règles seront précisées. En cas de procès, ces statuts seront évidemment le principal élément
d'appréciation pour le tribunal (le Conseil d'État siégeant
au contentieux). Nous estimons que, dans une matière, où
le juge est appelé à se prononcer en fait, c'est-à-dire à apprécier selon le bon sens et l'équité, le plus dangereux serait de vouloir lui tracer des règles d'application trop ri-
goureuses pour des cas qui peuvent être très variés.

« Mais, alors que nous laissions au juge ce pouvoir d'appréciation, nous lui indiquions dans quel esprit avait été
conçu l'article qu'il avait à appliquer. On peut lire, dans
mon rapport, qu'au premier rang des considérations de fait
qui s'imposeront au juge, je place celle qui consiste pour
lui à se demander d'abord si l'association est sérieuse, si ce
n'est pas une caricature d'association cutuelle, et si elle a,

établissements de culte, soit d'une compétition
entre deux associations réclamataires, elle répliqua, à sa manière, d'abord en substituant la compétence des tribunaux administratifs à celle des
tribunaux ordinaires, pour la solution des conflits auxquels l'attribution des biens pouvait donner lieu, puis en décidant que le Conseil d'État,
statuant au contentieux, devait prononcer « en
tenant compte de toutes les circonstances de fait ».
Si l'on recherche quelles peuvent être ces circonstances de fait, on trouve qu'elles se ramènent effectivement — comme l'a démontré d'ailleurs depuis 1906 l'application concrète de la loi — à une
seule, toujours la même, celle du conformisme ou
du non-conformisme religieux de l'association vi-

en elle ou à sa disposition, les moyens de réaliser le but en
vue duquel elle a été formée » (Chambre, discours de M. le
rapporteur Briand, 2ᵉ séance du 20 avril 1905, p. 1607).

Sur ces mêmes questions, le *rapport* de M. le sénateur
Maxime Lecomte a donné l'appréciation suivante : « Il a été
dit que des précisions d'un caractère trop étroit constitueraient un danger. En effet, le législateur n'a pas à agir sur
l'organisation des religions, à sauvegarder leur unité ou à
faciliter des divisions... Ce qu'il convient de maintenir avec
le rapporteur de la Chambre des députés, c'est que « pas
plus que nous ne devons interdire à la communauté catholique un large droit d'évolution, dans le sein même de son
organisation, nous n'avons le droit de l'obliger à une constitution nouvelle » (*Rapport* de M. le sénateur Maxime Lecomte, p. 558).

sée, si bien que la formule de l'article 8 correspond exactement à celle de l'article 4. Mais l'imprécision de cet article 8 trompe les parlementaires moins clairvoyants, qui se disent d'un air entendu, en le votant : « Cette fois notre principe est sauf, nous avons satisfaction », et elle suffit à rassurer la conscience des autres. En ces matières, les textes vagues ont, au dire des connaisseurs, d'immenses avantages : ils réservent l'avenir et les députés qui les acceptent ne peuvent être accusés de consacrer explicitement les droits de la « hiérarchie ». Aussi l'article 8 est-il voté, tandis que plusieurs amendements proposés tant à la Chambre des députés qu'au Sénat et qui expressément invitent la juridiction saisie à se conformer dans sa décision aux règles générales d'organisation de chaque culte sont repoussés ! La psychologie parlementaire, à laquelle, d'ailleurs, ressemble celle de beaucoup d'autres assemblées, a de ces exigences ! Moyennant cette concession verbale, la majorité politique qui soutient la réforme estime qu'elle demeure fidèle aux trois principes essentiels qui guident sa conduite : sa loyauté et son libéralisme lui interdisent de favoriser le schisme ou des caricatures d'associations cultuelles, mais sa neutralité et l'état « d'ignorance » dans laquelle elle veut se main-

tenir à l'égard des Églises lui interdisent aussi de
prêter la main aux gardiens vigilants de l'orthodoxie. Au surplus, les dispositions psychologiques
de la minorité d'opposition sont exactement semblables, tout en la conduisant aux conclusions in-
verses ; elle proteste « hautement » contre la formule de l'article 8 et déclare la loi définitivement
inacceptable !

Telles sont les trois idées directrices qui ont
guidé le législateur de 1905, et on aperçoit comment la troisième, habilement exposée, et même
peut-on dire parfois exploitée, par certains catholiques qui se croyaient habiles, a pu paraître justifier la résolution finale de non-acceptation.

Il faut avouer que les perspectives n'étaient
guère engageantes. Comment se fier à un pouvoir
séculier qui se vantait d'ignorer l'existence de
l'institution même qui devait s'abriter sous ses
lois ? Comment ne pas être effrayé de ce « trou »
qui. au dire des représentants les plus autorisés du
parti radical, était « la loi tout entière » ? Comment ne pas redouter un piège, alors qu'un docte
sociologue, jouissant d'une haute autorité dans le
milieux libres penseurs, professeur en Sorbonne,

M. Emile Durkheim avait lui-même manifesté son espoir que cette loi « en donnant plus d'autonomie aux laïques, sortirait l'Eglise de la situation anormale où elle était, et déchaînerait les causes de différenciation muselées depuis des siècles »[1].

Ce même professeur enseignait que l'Eglise catholique « était, au point de vue sociologique, un monstre[2] », et comme ses analyses pseudo-scientifiques l'avaient conduit à penser que de cette constitution « monstrueuse » était, en bonne partie, responsable le statut juridique anormal consacré par le Concordat de 1801, on devait espérer qu'il suffirait d'abroger le pacte, de rompre les liens avec l'Etat et de soumettre l'Eglise à une loi séculière nouvelle, pour faire rentrer le « monstre » dans la règle sociale normale, c'est-à-dire, espérait-on, dans le néant.

Un grand nombre d'excellents catholiques, très étrangers aux combinaisons politiciennes, furent

1. *Union pour l'Action Morale, Libres Entretiens,* mai 1905, p. 369.
2. Cette formule de M. Durkheim frappa les personnes présentes. Si bien que M. l'abbé Hemmer crut devoir en prendre texte pour rappeler que « c'est sur cette agréable constatation qu'est fondée en apologétique une des démonstrations de la divinité de l'Église » (*Réflexions sur la situation de l'Eglise de France au début du* xxe *siècle,* dans *la Quinzaine* du 1er mai 1905, p. 4.

effrayés de cette indifférence de la loi à l'égard
de l'orthodoxie et de la non-orthodoxie. C'était,
aux yeux de ces catholiques, l'objection capitale.
Ils ne pouvaient comprendre comment leur Eglise
n'était pas menacée, si les tribunaux étaient disposés à traiter également le prêtre hérétique en rup-
ture avec son évêque, et le prêtre orthodoxe docile
à la hiérarchie.

En tout cas, on connaît le résultat : le 10 août 1906,
le Pape Pie X déclara qu'il était interdit aux catholiques de chercher à utiliser la loi nouvelle par
la constitution d'associations cultuelles, et, de ce
jour, les discussions entre les fidèles cessèrent.

Sans doute on a remarqué que cette interdiction
du Pape eût pu ne pas se produire ; que les évêques de France réunis en assemblée plénière
le 30 Mai 1906 avaient, par un premier vote au
scrutin secret, décidé par 48 voix contre 26 qu'il
y avait lieu de chercher un « modus vivendi » qui
permit de créer des associations à la fois légales
et canoniques ; et, par un deuxième scrutin, le
projet présenté par Mgr Fulbert Petit avait été
adopté par 56 voix contre 18.

On a pris texte de ces votes et de mains autres
suffrages exprimés par de notoires catholiques
français, et notamment par ceux qu'on appela les

« cardinaux verts », pour dire que ce fut la seule interdiction du Pape qui arrêta la constitution des associations cultuelles. Mais cette remarque n'est que de très modeste conséquence, puisque le caractère exclusivement moral de l'autorité qui donna l'injonction, l'impossibilité où elle était de recourir à aucune mesure coercitive de l'ordre matériel, démontrent à l'évidence que ce sont bien les dispositions internes et personnelles des catholiques français qui, en fin de compte, les décidèrent à ne point former d'associations cultuelles. Sans doute le nombre était grand de ceux qui inclinaient à faire un essai loyal de la loi nouvelle, mais ceux-là mêmes étaient encore beaucoup plus attachés à ce principe supérieur : l'indéfectible fidélité à l'unité de l'Eglise, et ce fut bien leur volonté propre qui donna effet à la prohibition du Chef de l'Eglise universelle.

Nous avons ainsi analysé les dispositions intellectuelles des auteurs de la loi de 1905, et nous avons vu que, par l'une au moins des trois idées directrices qui inspiraient leur conduite, ils avaient comme à plaisir fourni des arguments aux adversaires de cette loi même dont ils souhaitaient si ardemment l'acceptation.

Le moment est venu [1] d'analyser maintenant méthodiquement les applications concrètes et les interprétations que cette loi a reçues, et nous allons montrer comment la force des choses — que nous avons déjà vue exercer une pression contraignante sur la volonté du législateur — va utilement exploiter et faire travailler, si l'on peut dire, ce texte nouveau. La volonté de l'homme est une force, mais la réalité sociale en est une autre, et combien plus puissante encore ! Quel spectacle peut être plus attachant que celui de leur rencontre sur le vaste domaine des institutions religieu-

1. La probité scientifique m'oblige à déclarer que, si l'on voulait faire une étude sociale complète de la phase historique que nous nous sommes proposé de décrire, il y aurait lieu d'analyser aussi les dispositions psychologiques et les dires des représentants et des mandataires plus ou moins qualifiés de l'Église catholique. Mais il ne me convient pas de me livrer à cette étude ; catholique, je ne consens pas à des analyses qui, si elles étaient sincères et exhaustives, ne tourneraient pas toujours au crédit de certains catholiques, voire de certaines autorités religieuses ; citoyen français, je ne consens pas davantage à écrire des pages qui, rappelant certaines formules outrancières, serviraient très mal une cause qui m'est très chère, celle de l'union sacrée. George Fonsegrive a montré comment notre pensée doit, elle aussi, être sociale et « malheur à la science qui ne se tourne pas à aimer ».

ses ! La valeur sociale de ces institutions n'est plus méconnue par personne ; elles jouissent d'un rare et précieux privilège, puisqu'elles atteignent les profondeurs les plus secrètes de la conscience individuelle, et que cependant les rouages les plus massifs de la vie collective n'échappent pas à leur action.

Montrons comment la vie sociale va, à l'abri de cette loi, élaborer progressivement les institutions juridiques nécessaires à ses besoins les plus certains et comment, en dépit des calculs plus ou moins troubles des politiciens de droite et de gauche, ou des craintes sincères des fidèles convaincus, elle va instituer un régime dont personne ne discute plus le libéralisme.

II

LA PREMIÈRE VICTOIRE DES FAITS :
LES LOIS DU 2 JANVIER ET DU 28 MARS 1907.

Aussitôt que fut connue, en France, la condamnation proclamée par le Pape Pie X contre la loi de 1905, il apparut à tous les catholiques que, dans le plan de l'action pratique tout au moins, la délibération était close. Aucune association cultuelle ne serait constituée par les membres de « l'assemblée des fidèles ».

Ainsi, dès la première rencontre avec la réalité sociale, la loi de 1905 subit un échec d'une particulière gravité et ce pouvoir hiérarchique qu'on n'avait point voulu « reconnaître ». attesta aussitôt la vigueur de son autorité effective en ordonnant aux catholiques de France une abstention qui paralysait l'effort constructeur du législateur de 1905.

En présence d'un fait social si caractérisé et si
puissant, l'autorité publique n'avait qu'à s'incliner. Jamais, en aucun pays, elle n'a été capable
d'employer la contrainte contre plusieurs millions de citoyens et c'étaient, en fait, plusieurs
millions de personnes qui avaient pris au moins
deux résolutions: celle de ne point fonder d'associations cultuelles et celle de continuer à faire
usage comme auparavant des églises où avaient
prié tant de générations avant elles, et où elles
étaient venues elles-mêmes tant de fois prier et
chercher consolation, pardon et réconfort.

Cependant la loi de 1905 ne prévoyait pas qu'il
pût être fait usage des églises sans qu'une association cultuelle, bénéficiaire de la jouissance gratuite, fût aussi grevée des charges correspondantes.
Fallait-il donc considérer ces millions de catholiques comme des révoltés et des délinquants ? Oui,
sans doute, au point de vue juridique, mais comme
cette nécessité n'eût servi qu'à accroître le désordre et à humilier à la fois le législateur et le gouvernement, M. Briand, alors ministre des cultes
dans le cabinet Clémenceau, eut le bon esprit de
fermer les yeux et de n'engager aucune poursuite.
Quelques jours avant l'expiration du délai d'un an
imparti pour l'entrée en vigueur de la loi, le

1er décembre 1906, il lança aux préfets et procureurs une circulaire dans laquelle il rappela que les catholiques de France étaient toujours autorisés à ne point se servir des avantages que la loi leur conférait et que cette omission n'était pas un délit ; il rappela que le principe primordial posé dans l'article 1er demeurait intact: la République garantit le libre exercice des cultes ; aussi les églises devaient demeurer ouvertes à la disposition des fidèles.

Malgré l'habileté de son auteur, une circulaire ministérielle était insuffisante pour résoudre les difficultés d'une situation si imprévue et comme, en tout cas, la déclaration requise par l'article 25 n'avait été faite à peu près nulle part, il y avait, au moins sur ce point, délit formel et caractérisé. Aussi M. le ministre des cultes déposat-il le 15 décembre 1906, à la Chambre des Députés, un projet de loi, concernant *l'exercice public des cultes* [1].

L'exposé des motifs, et le rapport de M. Paul Meunier déposé et lu à la séance de la Chambre du 20 décembre 1906 (*Journal officiel* du 21 décembre, page 3371), déclaraient « qu'à la loi libérale

____

1. *Journal officiel* du 16 décembre 1906, p. 3293; Duvergier, 1907, p. 9.

de 1905, l'Église catholique, sur une injonction venue de l'extérieur, a répondu par une fin de non-recevoir intransigeante ; qu'en présence de cette résistance absolue, et pour assurer tout à la fois le libre exercice du culte et le respect de la loi le gouvernement a pensé qu'il convenait d'apporter certaines dispositions complémentaires à ladite loi du 9 décembre 1905 ». Ce projet de loi, voté par la Chambre le 21 décembre 1906 (*Journal officiel* du 22), était porté au Sénat le 27 décembre, faisait l'objet d'un rapport de M. Maxime Lecomte lu et déposé le même jour (*Journal officiel* du 28 décembre, page 1211), était discuté les 28 et 29 décembre et adopté à cette dernière date (*Journal officiel* des 29 et 30 décembre). C'est la loi du 2 janvier 1907. En dix-huit jours, la loi avait été proposée, discutée, votée et promulguée.

De cette loi, assez brève d'ailleurs, — elle ne comprend que 6 articles, — nous n'avons à retenir que l'article 5, lequel, en revanche, offre pour notre étude un intérêt spécial, puisque son paragraphe premier tout au moins sera désormais le texte essentiel sur lequel s'appuiera le droit d'usage des églises au profit des catholiques.

« A défaut d'associations cultuelles, les édifices affectés à l'exercice du culte ainsi que les meubles

les garnissant, continueront, sauf désaffectation dans les cas prévus par la loi du 9 décembre 1905, à être laissés à la disposition des fidèles et des ministres du culte pour la pratique de leur religion.

« La jouissance gratuite en pourra être accordée soit à des associations cultuelles, constituées conformément aux articles 18 et 19 de la loi du 9 décembre 1905, soit à des associations formées en vertu des dispositions précitées de la loi du 1er juillet 1901 pour assurer la continuation de l'exercice public du culte, soit aux ministres du culte dont les noms devront être indiqués dans les déclarations prescrites par l'article 25 de la la loi du 9 décembre 1905. »

Ainsi le texte prévoit quatre manières différentes d'aménager la jouissance des églises : un acte de concession rédigé dans la forme administrative pourra être passé soit au profit d'une association cultuelle, soit au profit d'une association ordinaire, constituée suivant les dispositions de la loi de 1901, soit enfin au profit d'un ministre du culte [1]. Si aucun de ces trois candidats ne se pré-

----

1. Signalons en passant que le législateur, instruit sans doute par l'expérience, semble oublier ici le fameux verbe de l'article 2 de la loi de 1905. Admettre comme bénéficiaire

sente, et on sait que telle fut l'hypothèse [1], « les édifices cultuels et les meubles les garnissant continueront à être laissés à la disposition des fidèles et des ministres du culte, pour la pratique de leur religion. »

Signalons seulement qu'à plusieurs reprises, au cours des débats, des députés et des sénateurs d'opinions différentes: MM. Ribot [2], Dumont et Fernand David à la Chambre [3], MM. Le Chevalier, Gourju et Guillier au Sénat [4], demandèrent la suppression de la formalité de la déclaration préalable. M. le ministre des cultes en réclama au contraire le maintien.

éventuel de la jouissance gratuite le ministre du culte, alors qu'on ne donne pas un droit semblable au simple fidèle, n'est-ce pas « reconnaître » le culte, n'est-ce pas oublier le grand principe : « nous ne connaissons aucun culte, nous ne connaissons que des citoyens ? »

1. Au mois de janvier 1907, les évêques, réunis en assemblée plénière, décidèrent d'ouvrir des pourparlers avec l'administration, en vue de la signature des contrats de jouissance gratuite prévus par l'article 5, § 2 ; mais il était stipulé en même temps que tous les contrats à signer devraient être rédigés suivant une formule uniforme pour toutes les communes qui accepteraient de signer ces contrats. Au bout de quelques semaines, on constata que cette uniformité était impossible et les négociations furent abandonnées.

2. Séance du 21 décembre 1996, *J. off.* du 22, p. 3391.

3. Même séance, *loc. cit.*, p. 1258.

4. Séance du 29 décembre 1906, *J. off.* du 30, p. 1258.

« Je voudrais, dit-il, que la Chambre fût bien convaincue que le gouvernement n'attache pas plus d'importance qu'elle n'en mérite à la formalité de la déclaration. S'il l'a maintenue, c'est d'abord parce qu'il ne devait pas capituler sur ce point devant des exigences injustifiées. C'est aussi dans une considération de logique que le gouvernement a agi. Comment ! il y a une loi de 1905 qui impose cette déclaration. Cette loi a été loyalement acceptée par le culte protestant, par le culte israélite, par d'autres cultes encore, qui ont formé des associations et qui partout se sont soumis à la formalité de l'article 25 de la loi 1905, et vous voulez faire à des associations de la loi de 1907, ou à des individus qui sont entrés en révolte contre la loi de 1905, une situation privilégiée ?

« Si nous acceptions l'amendement, nous serions entraînés à modifier d'abord l'article 5, et par esprit et par justice, l'article 29 de la loi de 1905 qui ne pourrait pas continuer à s'appliquer à des cultes qui se sont soumis à la loi et qui en observent les prescriptions [1]. »

Ces « individus en révolte » devaient en 1907 persévérer dans leur désobéissance, si bien qu'au

1. Chambre des Députés, séance du 21 décembre 1906, *J. off.* du 22 décembre, p. 3405.

bout de quelques semaines, le gouvernement, impuissant à réprimer ces innombrables rébellions, trouva que le plus simple... était de donner raison aux révoltés. Une fois de plus, le fait social devenait le droit et la loi du 28 mars 1907 a déclaré que les réunions publiques, quel qu'en fût l'objet, pourraient être désormais tenues sans déclaration préalable.

Ainsi, à deux reprises, en moins de trois mois, la puissance de la réalité sociale oblige le législateur à venir à résipiscence. Mais ce n'est qu'un début et cette même réalité sociale, va, comme en se jouant, extraire des textes les diverses déductions dont elle a besoin pour se maintenir dans l'harmonie de son développement. Les formules ne sont pas très encourageantes, l'autorité administrative n'est pas favorable et ne perd aucune occasion de témoigner sa sympathie à l'adversaire et on dit que parfois les tribunaux eux-mêmes sont soumis a des influences hostiles ; il n'importe. Dans la mesure où il existe encore en France des catholiques effectifs, sérieusement attachés à l'Église, il faudra bien que d'une manière ou d'une autre les principes essentiels de l'orthodoxie et de la hiérarchie obtiennent le respect, et les circonstances défavorables dans lesquelles s'engagera la lutte ne feront que mieux démontrer la réalité de leur force.

Grâce aux recueils de jurisprudence, dont tous les juristes connaissent la documentation si méthodique et si abondante, nous allons pouvoir suivre, en chacun de ses détails, l'application concrète de la loi nouvelle, et vérifier si le législateur de 1905 est parvenu à faire prévaloir en pratique les doctrines qui obtiennent sa plus chaude sympathie. Une réforme aussi grave froisse trop d'intérêts et suscite trop d'espérances pour que de nombreux conflits judiciaires ne surgissent pas entre les citoyens : suivons méthodiquement les réponses données par nos magistrats aux questions que les plaideurs leur posent. S'il y faut quelque patience, on verra du moins que le sens et l'unanimité de ces réponses fournissent aux études sociologiques une précieuse contribution [1].

1. Deux recueils spéciaux publient, dans des fascicules mensuels, les jugements les plus intéressants rendus par les tribunaux de tous ordres et en toute matière, civile, commerciale, pénale, administrative : ce sont le *Recueil périodique et critique de jurisprudence et de législation,* publié par Dalloz, et le *Recueil général des lois et arrêts,* de Sirey.

En outre, depuis la loi de séparation, plusieurs revues se sont fondées dans le dessein spécial de renseigner les intéressés sur toutes les questions concernant le régime des

Afin que cette recherche minutieuse demeure exempte d'obscurité, nous diviserons les éléments de cette étude en deux sections. Dans la première, nous analyserons la nature juridique et sociale des rapports entre les fidèles ou le ministre du culte, d'une part, et les non fidèles, les dissidents ou l'autorité municipale, d'autre part; le seconde sera consacrée à l'examen des rapports entre les fidèles et les ministres du culte.

cultes, notamment la *Revue d'organisation et de défense religieuses*, et la *Revue des institutions cultuelles.*

Nous nous permettons de renvoyer les lecteurs plus familiers avec les études juridiques à diverses notes que nous avons publiées dans le *Recueil périodique de la jurisprudence Dalloz*, au cours des premières années qui ont suivi la mise en application de la législation nouvelle. *Dall. périod.*, 1910, 2.25; 1910.293; 1911.1.345, 1911.2.105 et 278, 1914.1.57 et 2.33 et 35. Ces différentes notes commentent de très nombreux jugements et arrêts dont quelques-uns seulement seront reproduits dans les pages qui vont suivre.

III

LA DEUXIÈME VICTOIRE DES FAITS :
LA JURISPRUDENCE.

A. — Relations des fidèles ou des ministres du culte avec les dissidents, notamment avec une autorité municipale hostile.

Dès les premiers mois qui ont suivi l'entrée en vigueur de la loi du 9 décembre 1905 (11 décembre 1906) et la promulgation de la loi du 2 janvier 1907, des conflits surgirent entre les catholiques orthodoxes et l'autorité municipale ou les dissidents. Du côté de la commune, la situation juridique ne paraissait prêter à aucune équivoque : on apercevait aussitôt la nature de son droit et l'étendue de ses obligations.

En effet, l'article 12 de la loi de 1905 déclare que

la commune est propriétaire de l'édifice cultuel et des meubles le garnissant, sous l'obligation de les laisser gratuitement à la disposition des fidèles et des ministres du culte (art. 13 de la loi de 1905 et art. 5 de la loi de 1907). Une sorte de servitude grève cette propriété communale jusqu'à la désaffectation, qui ne peut-être prononcée que par un décret et les travaux préparatoires ne laissent aucun doute sur le caractère de cette charge très précise.

« Ces églises, dit M. le ministre des cultes, permettons-nous à la commune d'en disposer à son gré ? Vous pourriez-vous plaindre, mais nous les marquons d'une affectation, d'une servitude particulière : elles demeurent affectées au culte catholique et resteront ouvertes en tout état de cause, même s'il n'y a pas d'association, même sans prise de possession par le curé [1]. »

Quand la charge qui pèse sur un grevé est si nette, il semble que le droit du bénéficiaire ne saurait l'être moins : la logique l'exige et nous verrons qu'elle imposera aux tribunaux ses exigences. Mais la psychologie parlementaire et gouvernementale a aussi les siennes et le souci de

---

1. Chambre des députés, séance du 21 déc. 1906; *J. off.* du 22 déc. p. 3407, 1ᵉʳ col.

l'orthodoxie laïque ne permet pas au gouvernement de reconnaitre au profit des fidèles et de
leurs pasteurs un droit si fort et si précis. Pour
déterminer leur situation légale, M. le ministre
des cultes ne trouve d'autre expression que celle-ci :
à défaut d'association cultuelle ou de contrat de
jouissance gratuite conclu avec l'autorité administrative, les fidèles et les ministres du culte ne sont
dans les églises que des « occupants sans titre juridique [1] » et cette formule parait répondre si bien
à la pensée des promoteurs de la législation nouvelle que la langue administrative refuse d'en employer aucune autre. On la trouve pour la première fois dans la circulaire ministérielle du
1er décembre 1906 et on s'empresse de la reproduire dans l'exposé des motifs du projet de loi déposé en hâte le 15 décembre. Tout le long de la
discussion que suscite l'examen du texte qui va
devenir la loi du 2 janvier 1907, députés et sénateurs de toute opinion s'accordent à proclamer qu'à
défaut d'un acte administratif leur concédant la
jouissance gratuite de l'édifice cultuel, les fidèles

1. Déclaration de M. Briand, ministre des cultes, à la Chambre des députés, séance du 21 déc. 1906 ; *J. off.* du 22 déc.,
p. 3407 et au Sénat, séance du 28 déc. 1906 ; observation de
M. Guillier au Sénat, séance du 29 déc. 1906 ; *J. off.* du
30 déc. 1906, déb. parl., p. 1259.

et les ministres du culte ne sont que « des occupants sans titre régulier, n'ayant qu'une situation absolument précaire » et cette constatation qui satisfait la gauche légitime au contraire les attaques les plus vigoureuses des parlementaires, qualifiés ou non, qui croient devoir prendre en mains la défense de l'Église. Enfin, pour que nul n'en ignore, M. le ministre des cultes rédige encore, au lendemain même de la loi du 2 janvier 1907, une nouvelle circulaire, et avec complaisance il rappelle que les « ministres du culte, comme les fidèles; seront de simples occupants sans titre juridique et n'auront qu'une possession de fait, tant qu'il n'aura pas été procédé à une attribution de la jouissance des édifices religieux dans les conditions et suivant les formes déterminées par les paragraphes 2 et 3 du même article » (art. 5) [1].

Or, on sait qu'aucune attribution *contractuelle* de jouissance n'eut lieu ; les catholiques de France n'utilisèrent pas plus les paragraphes 2 et 3 de l'article 5 de la loi de 1907, relatifs à une concession régulière de jouissance des églises au profit des associations *ordinaires* (constituées suivant la loi de 1901), ou des ministres du culte, qu'ils n'avaient

---

1. Circulaire ministérielle du 3 février 1907.

utilisé l'article 18 de la loi de 1905 relatif aux associations cultuelles. C'est donc uniquement sur le
paragraphe 1er de l'article 5 de la loi de 1907 que
va s'appuyer, au profit des catholiques et de leurs
prêtres, la jouissance des églises, titre précaire entre tous, semble-t-il, puisqu'il réduit ses bénéficiai-
res à la qualité de simples occupants de fait sans
titre juridique.

Le point d'appui est faible, mais la réalité sociale est une force qui n'a cure de ces faiblesses :
elle va multiplier les expériences et peu à peu
assurer ses positions. Ces expériences sont nombreuses ; comme il fallait s'y attendre, sur les
36.000 communes de France, il s'est rencontré,
au lendemain de la promulgation de la loi de 1907,
un certain nombre de maires, habitués à vivre en
mésintelligence avec leur curé, qui se sont empressés de profiter des possibilités que le régime nouveau semblait leur ouvrir. Quand on peut se dire
qu'on n'a devant soi qu'un occupant sans titre juridique, qu'on a l'appui de plusieurs personnes in-
fluentes du canton et souvent celui de la préfecture,
quelles victoires n'est-on pas en droit d'espérer ?

Dès l'année 1909, trois arrêts très fortement
motivés des cours de Dijon, d'Agen et de Bourges
viennent fixer la jurisprudence et mettre fin aux

hésitations de quelques rares magistrats de première instance. Voici le texte de l'arrêt de Dijon du 1er avril 1909 :

Cour de Dijon, 1er avril 1909 ; affaire Crance, maire de Laneuvelle, c. abbé Roussel.

LA COUR ; — Attendu que le 28 juin 1908, Crance a fait enlever la serrure de la porte donnant accès au clocher de l'église de Laneuvelle et à la tribune où se trouve l'orgue, et qu'il l'a fait remplacer par une nouvelle serrure, dont, malgré de nombreuses réclamations faites par l'abbé Roussel, curé desservant ladite église, il a refusé de remettre à celui-ci une clef; que, dans ces conditions, il a été assigné par l'abbé Roussel devant le président du tribunal de Langres, jugeant en référé, lequel, par ordonnance du 3 août 1908, a décidé qu'il devrait, dans les cinq jours, remettre au desservant une clef de la porte en question, faute de quoi l'abbé Roussel était autorisé a en faire fabriquer une aux frais de Crance, pris en qualité de maire de la commune; — Attendu que Crance a interjeté appel de cette décision prétendant que, en faisant changer la serrure, et en refusant d'en donner une clef à l'abbé Roussel, il a agi en qualité de maire accomplissant un acte de police administrative, d'où résulterait cette conséquence : 1º que l'autorité judiciaire est incompétente pour apprécier la légitimité de cet acte et ses résultats; 2º que, en tout cas, l'assignation à lui donnée aurait dû être déclarée nulle, à raison de ce qu'elle avait été signifiée à Crance, propriétaire-vigneron, alors que, en réalité, elle s'adressait à lui, non à titre de simple particulier, mais à raison de sa qualité de maire, comme l'a reconnu le

juge des référés et que, dès lors, celui-ci, auquel cette nullité
a été proposée, aurait dû se déclarer irrégulièrement saisi au
lieu de statuer ainsi qu'il l'a fait sur le différend qui lui a été
soumis; — Attendu qu'il est constant que, d'après les termes de la citation à lui délivrée, Crance a été appelé devant
le président non en qualité de maire, mais comme simple
particulier; que, ne s'agissant ni de l'exécution d'un arrêté,
ni d'un fait qui, à raison de sa nature, rentrait nécessairement dans les attributions du représentant de l'autorité municipale, l'abbé Roussel était en droit de procéder ainsi, et
que, dès lors, la double fin de non-recevoir soulevée par
l'appelant se trouve sans fondement: qu'il appartenait, en
l'effet, à l'intimé, comme desservant de l'église de Laneuvelle, qui conformément aux termes de l'art. 5 de la loi du
2 janv. 1907, est affectée ainsi que les meubles qui la garnissent à l'exercice du culte, de prendre les mesures nécessaires pour faire cesser tout acte de nature à empêcher ledit
exercice, quelle que fût la personne par laquelle le trouble
était occasionné; qu'il a donc pu s'adresser à Crance, simplement comme détenteur de la clef de la serrure nouvelle
et sans avoir à rechercher à quel mobile celui-ci avait obéi
en faisant changer la serrure, et spécialement s'il avait cru
agir en qualité de maire ou en qualité de simple particulier,
et qu'il y a lieu de reconnaître que le juge des référés a été
compétemment et régulièrement saisi; — Attendu que la
solution qu'il a donnée à la question est aussi bien justifiée
en considérant Crance comme simple particulier, qu'en le
considérant comme maire de la commune, mais qu'en lui
attribuant dans son ordonnance cette dernière qualité, le
juge a modifié sans raison apparente les conditions dans lesquelles il comparaissait devant lui : qu'il y a lieu, en faisant

droit à l'appel incident formé à cet effet par l'abbé Roussel,
de rétablir la véritable situation juridique des parties ; — Par
ces motifs, statuant sur les appels interjetés au principal par
Crance et incidemment par l'abbé Roussel de l'ordonnance
rendue en référé le 3 août 1908 par le président du tribunal
de Langres ; rejette comme mal fondée l'exception à fin de
déclaration d'incompétence soulevée par Crance ; déclare
valable l'assignation du 27 juill. 1908 ; dit qu'elle a eu pour
effet de mettre en cause Crance comme simple particulier,
non comme maire de Laneuvelle ; infirme ladite ordonnance
en ce qu'elle a déclaré qu'il était procédé et jugé, à son
égard, en cette dernière qualité ; sans autre modification,
confirme la décision dont est appel ; dit en conséquence que,
dans les cinq jours qui suivront le prononcé du présent
arrêt, Crance sera tenu de remettre à l'abbé Roussel, ès
qualités, une clef de la porte donnant accès au clocher, à la
tribune et à l'orgue de l'église de Laneuvelle, faute de quoi
l'abbé Roussel sera autorisé à en faire fabriquer une aux
frais dudit Crance, qui sera tenu de lui en payer la dépense
au vu du mémoire de l'ouvrier ; condamne Crance aux dépens de première instance et d'appel.

Plus avisés que le maire de Crance, dont la prétention était manifestement insoutenable, quelques maires se rappellent que l'article 5, § 1er de
la loi de 1907 les oblige seulement à laisser les
églises à la disposition des fidèles et des ministres
du culte et cette obligation serait satisfaite si l'édifice cultuel demeurait ouvert du matin au soir ou

si une clé de cet immeuble était tenue à la mairie à la disposition de tout fidèle qui voudrait y pénétrer.

Non cela ne suffirait pas, répond la jurisprudence, et on n'a pas le droit d'imposer en chaque circonstance aux fidèles et aux ministres du culte la gênante démarche d'une demande adressée au maire ou à son représentant ; les catholiques out un droit parfait à la jouissance pleinement libre de l'église et de toutes ses parties et dépendances employées principalement ou accessoirement au service du culte : sacristie, clocher, escalier donnant accès à l'orgue ou au clocher; une clé de l'église et de chacune de ses annexes, lorsque ladite annexe est fermée par une porte spéciale, doit donc être remise au ministre du culte par l'autorité municipale [1].

---

1. *Vide supra*, arrêt de la Cour de Dijon. Le Conseil d'État rivalise d'ailleurs de zèle avec l'autorité judiciaire pour consacrer ces principes. Il est impossible de citer tous les arrêts du Conseil d'État en la matière. Cf. notamment 12 févr. 1909, *Dall. pér.* 1909.3.53 ; 19 mars 1909, *Dall. pér.* 1910.3.121.

Ce même Conseil d'État s'empressa aussi de tracer, par une série de décisions de principe, les premières lignes d'un plan général de défense des églises menacées. Notamment l'offre de concours faite, même par un simple particulier, à une municipalité, en vue de réparer l'église communale, arrête net la procédure de désaffectation, et un autre arrêt

Mais, répliquent certains maires, le curé ne réside même pas dans la commune et il ne dessert pas régulièrement la paroisse, puisqu'il est attaché à une autre paroisse qui seule bénéficie de son service régulier. Il n'importe, rétorque la jurisprudence ; le maire doit remettre les clés au prêtre canoniquement désigné par l'évêque pour desservir une paroisse.

Tribunal civil de Moissac, audience de référé, 20 juin 1910 ; abbé Lacroix c. Maire de Valeilles :

Nous, Président ; — Attendu, en fait, que, suivant une lettre de service datée du 15 mars 1910, l'évêque de Montauban a chargé l'abbé Lacroix, déjà curé de Roquecor, d'assurer le service religieux de la paroisse de Valeilles ; que du côté des autorités ecclésiastiques, aucune difficulté n'a surgi en ce qui concerne l'exécution du mandat confié à l'abbé Lacroix ; que le 18 avril dernier, le maire de la commune de Valeilles a fait placer à l'église une seconde serrure dont il n'a pas remis la clef au demandeur ; en outre, le maire dé-

---

dispose que, « si l'offre de concours est faite par une association de droit commun, type de 1901, la direction des travaux appartiendra à cette association qui pourra y faire procéder sous sa responsabilité, en passant outre à la résistance éventuelle de la municipalité sous la seule condition d'avertir le maire un mois à l'avance ». Conférence de M. de Narfon, à l'École des Hautes Études sociales publiée dans la revue de cette école. *Athéna*, décembre 1911.

tient la clef du clocher et fait procéder par un sonneur de son choix à des sonneries exécutées au lever et au coucher du soleil, ainsi qu'à midi, et que le demandeur soutient être des sonneries religieuses dites de l' « Angélus »; — Attendu enfin qu'il n'est pas contesté que les parties se trouvent placées sous le régime exclusif du paragraphe 1er de l'art. 5 de la loi du 2 janv. 1907, aucune association n'ayant été formée à Valeilles pour l'exercice du culte;

Attendu que la demande en référé contient deux chefs distincts : le premier ayant trait à la remise réclamée par l'abbé Lacroix d'une clef de la seconde serrure de l'église et du clocher; le deuxième ayant pour objet de faire interdire au maire de procéder à toutes sonneries religieuses;

En ce qui concerne le premier chef : — Attendu que le maire de Valeilles oppose une fin de non-recevoir tirée de ce que l'abbé Lacroix serait sans qualité pour agir, étant donné que ledit abbé de Roquecor ne pourrait invoquer la qualité et les droits du curé de la paroisse de Valeilles, où d'ailleurs il ne réside pas et où il n'assure pas le service régulier du culte; — Attendu, à cet égard, qu'il convient de remarquer que le paragraphe 1er de l'art. 5 de la loi du 2 janv. 1907 met les édifices du culte et le mobilier qu'ils renferment à la disposition des fidèles et des ministres du culte pour la pratique de leur religion; que par l'expression « ministre du culte » la loi désigne évidemment, quand il s'agit du culte catholique, le prêtre qui est en communion avec ses supérieurs hiérarchiques; qu'en dehors de cela, la loi n'indique aucune condition particulière et ne fait allusion ni à la nécessité du titre de curé ou de desservant, ni à la nature des cérémonies religieuses que le prêtre peut être appelé à célébrer; qu'il y a lieu même d'observer que, s'il est nécessaire que le prêtre

soit chargé par l'autorité diocésaine d'administrer la paroisse, ce n'est qu'en cas de conflit avec un autre prêtre ;
qu'il résulte, en effet, du principe admis dans les lois du
9 déc. 1905 et du 2 janv. 1907 que le législateur a voulu
respecter les règles de l'organisation générale du culte ; d'où
il suit qu'en cas de désaccord pour la jouissance d'une église
entre un prêtre étranger et un prêtre délégué par l'évêque,
ce dernier seul pourrait bénéficier des dispositions de la loi
parce que son ministère seul s'exercerait en conformité des
règles de discipline de la religion catholique (V. notamment
les décisions rapportées D. P. 1910.2.93, et la note) ; —
Attendu, dès lors, qu'il suffit à un prêtre d'être chargé par
son évêque du service d'une paroisse pour être investi des
droits conférés par l'art. 5 de la loi du 2 janv. 1907 ; que
rien, dans cette loi, ne permet à l'autorité civile d'exiger
l'accomplissement de certaines cérémonies religieuses ou de
certains actes cultuels ; que c'est là une conséquence naturelle et nécessaire de la séparation de l'Église et de l'État ;
que le seul droit réservé au pouvoir civil consiste à provoquer, s'il y a lieu, la désaffectation des édifices du culte qui
ne remplissent plus le but prévu par la loi ; mais que tant
que dure l'affectation cultuelle, le maire d'une commune ne
peut restreindre le droit d'usage de l'église accordé par la
loi aux fidèles et aux ministres du culte, en le subordonnant
à des conditions spéciales, telles que l'obligation de résider
dans la paroisse ou d'y célébrer certaines cérémonies ; —
Attendu qu'on ne saurait soutenir qu'en laissant les édifices
du culte aux fidèles et aux ministres du culte « pour la pratique de leur religion », le législateur a entendu prescrire un
ensemble de pratiques religieuses en dehors desquelles l'usage
de l'église ne serait pas autorisé ; que le principe essentiel de

la loi de séparation est, au contraire, de ne rien imposer en matière religieuse et de créer seulement au profit des prêtres et fidèles la simple faculté de pratiquer leur religion, sauf toujours le droit pour l'autorité civile de provoquer la désaffectation de l'édifice dans les cas spéciaux indiqués par la loi ;

Attendu, en outre, que le droit pour un ministre du culte d'avoir l'usage d'une église entraine le droit de posséder une clé de cet édifice (En ce sens : Dijon, 1er avril 1909; Bergerac, ordonnance de référé, 12 juill. 1909; D. P. 1910.2.25 et 35, et la note); qu'il résulte, en effet, de l'esprit de la loi que le législateur a voulu permettre aux fidèles de pratiquer leur religion dans les églises comme avant la séparation; que, d'autre part, les fidèles, par cela seul qu'ils se déclarent catholiques, reconnaissent le ministre du culte comme le directeur et l'ordonnateur des cérémonies cultuelles; qu'il est donc nécessaire que ce dernier possède les clés des édifices cultuels pour être en mesure de prendre toutes les dispositions qu'il juge utiles en vue de l'accomplissement des actes de son ministère; — Attendu que, la remise des clés au ministre du culte étant une conséquence du droit d'usage qui lui appartient relativement à l'édifice et au mobilier, aucune condition particulière ne peut en principe lui être imposée pour obtenir cette remise; que la loi ne prévoit pas, en effet, la nécessité d'une formalité quelconque d'installation; que l'art. 5 précité met purement et simplement à la disposition du ministre du culte l'édifice et les meubles qui le garnissent, de telle sorte qu'en raison même de sa qualité il devient *ipso facto* titulaire du droit d'usage que la loi lui confère; qu'on peut même considérer que, lorsqu'un prêtre succède à un autre pour assurer le service religieux

d'une paroisse, le fait par le prêtre qui est envoyé ailleurs
de remettre les clés de l'église à son successeur ou même à
son remplaçant provisoire doit faire présumer que ce dernier
est dans les conditions requises pour avoir l'usage de l'é-
glise; — Attendu, il est vrai, qu'il peut se produire des cas
dans lesquels le maire aurait lieu d'avoir des doutes sur la
qualité en laquelle agit le nouveau dépositaire des clés; qu'il
serait naturel alors que le maire, agissant comme administrateur de tous les biens communaux, prenne les mesures
nécessaires pour se faire produire les pièces attestant la qualité de celui qui se prévaut de la servitude légale d'affectation cultuelle grevant l'église; que le maire serait donc fondé
à convoquer l'intéressé en lui fixant le lieu et l'heure où il
devrait produire les pièces justificatives, mais que c'est seulement dans le cas où celui-ci refuserait de faire cette pro-
duction que le maire serait en droit de retirer ou d'assurer
d'une autre manière la fermeture de l'église;

Or, attendu dans l'espèce que le maire de Valeilles ne soutient pas que l'abbé Lacroix ait cessé d'être en communion
avec son évêque...
....

Attendu qu'il résulte de ce qui précède que le premier chef
de demande de l'abbé Lacroix est justifié et que le maire de
Valeilles doit remettre à ce prêtre les clefs de l'église et du
clocher sans subordonner cette remise à des conditions particulières;

En ce qui concerne le deuxième chef de la demande : —
Attendu que, pour justifier son droit de faire procéder à des
sonneries religieuses, le maire de Valeilles invoque un arrêté
municipal rendu par lui à la date du 17 avril 1910, revêtu,
d'ailleurs, de l'approbation préfectorale en date du 11 mai 1910

et dont l'art. 1er est ainsi conçu : « Les sonneries religieuses seront faites suivant les usages antérieurs et de façon à assurer dans des conditions normales le service du culte » ; — Attendu qu'il s'agit là d'un acte administratif dont l'interprétation, s'il y avait lieu, devrait être renvoyée à l'autorité administrative, de laquelle il émane ; — Mais attendu que l'auteur de cet acte est précisément le maire de Valeilles, défendeur dans l'instance, et que ce dernier a eu soin, dans ses conclusions, de préciser le sens de l'arrêté : qu'il résulte de ces conclusions que le maire n'a pas voulu seulement procéder à une réglementation générale des sonneries religieuses, mais qu'il a voulu conserver pour l'autorité municipale le droit de faire exécuter par un sonneur de son choix les sonneries religieuses, parmi lesquelles on doit placer celles de l' « Angelus » ; que cette prétention du maire ressort, d'une part, de ce qu'il produit l'arrêté municipal à l'appui de ses conclusions, et, d'autre part, de ce que l'un des alinéas de ces conclusions tend à ce qu'il soit déclaré « que le curé de Valeilles est sans droit pour empêcher le maire de faire exécuter des sonneries religieuses » ; — Attendu que, l'arrêté étant d'ores et déjà interprété de cette manière par l'autorité qui l'a rendu, le tribunal se trouve en présence d'un acte administratif qui attribue au maire le droit que la demande actuelle a pour objet de lui faire retirer ; qu'il n'est donc pas possible de statuer sur le point litigieux sans apprécier la légalité de l'arrêté, d'où il suit que le tribunal doit se déclarer incompétent ; — Attendu que les dépens doivent être réservés ;

Par ces motifs, au principal, renvoie les parties à se pourvoir ainsi qu'elles aviseront ; — Et par mesure provisoire, vu l'urgence ; — Statuant sur le premier chef de la de-

mande : — Dit que comme ministre du culte catholique
délégué par son évêque, l'abbé Lacroix a qualité pour réclamer l'usage de l'église de Valeilles ; — Dit, en conséquence,
que le maire de Valeilles sera tenu, dans les cinq jours de
la signification du présent jugement, de lui remettre une
clef de la seconde serrure de l'église ainsi que celle du clocher, sans pouvoir subordonner cette remise à l'accomplissement de conditions quelconques, faute de quoi le demandeur sera autorisé d'ores et déjà à faire confectionner lesdites
clefs aux frais de M. Descazals, lesdits frais remboursables
sur simple mémoire de quittance des ouvriers ; — Autorise,
en conséquence, l'abbé Lacroix à se faire mettre en possession de l'église par toutes voies de droit, ainsi que du clocher pour les sonneries religieuses à exécuter sur son ordre,
la question de nullité du bail relativement au clocher res-
tant toutefois réservée ; — En ce qui concerne le chef de
demande ayant pour objet de faire interdire au maire l'exécution de toutes sonneries religieuses : — Se déclare incompétent en raison de ce que le maire prétend préciser son
droit dans un arrêté municipal du 17 avril 1910, qu'il n'appartient pas au tribunal d'apprécier ; — Ordonne, conformément à la loi, l'exécution provisoire du présent jugement,
les dépens demeurant réservés.

Parfois cette défaite de l'autorité municipale est
même accompagnée de circonstances quelque peu
humiliantes et il serait contraire à la méthode d'observation d'admettre que l'autorité religieuse, si
sereine qu'on la veuille supposer, n'utilise jamais

ses avantages juridiques pour mieux servir quelque plan combatif ou malicieux.

Par exemple, à Mandacou, un conflit s'élève entre le conseil municipal et le desservant au sujet de la jouissance du presbytère dont la commune exige, au jugement de l'intéressé, un loyer trop élevé; à titre de punition, l'autorité ecclésiastique décide que tout service religieux sera supprimé dans la commune de Mandacou et que, pour les enterrements mêmes, les corps devront être transportés à Eyrenville, à l'église d'une autre paroisse distante de plusieurs kilomètres, d'où on les ramènera ensuite au cimetière de Mandacou. L'autorité municipale profite de cet abandon pour garder les clés de l'église : trois fois par jour elle fait sonner par un sacristain de son choix les sonneries ordinaires de l' « Angelus » et même elle s'enhardit jusqu'à faire sonner les cloches de l'église à l'occasion des obsèques civiles de quelques habitants de la commune.

Aussitôt l'abbé Delbreil, curé d'Eyrenville, assigne le maire en remise des clés et il demande qu'il soit fait défense à son adversaire de procéder à aucune sonnerie, en dehors des cas particuliers où les sonneries civiles sont exceptionnellement autorisées par les lois et règlements. Le maire réplique qu'il est prêt à remettre les clés si le demandeur de son côté se déclare prêt à reprendre dans l'église de Mandacou la célébration des cérémonies religieuses, mais qu'il ne voit aucune raison de remettre les clés de l'église à un prêtre qui ne se propose point d'assurer le service cultuel de la paroisse.

Sur ces éléments de fait et de droit le procès s'engage et le maire de Mandacou est mis en complète déroute.

Tribunal civil de Bergerac, audience de référé, 12 juillet 1909 ; abbé Delbreil c. Bouchilloux, maire de Mandacou.

Nous, Président ; — Attendu que l'abbé Delbreil a assigné Bouchilloux en référé et demande que ce dernier soit contraint à lui remettre une clé de l'église de Mandacou, et qu'en outre il lui soit fait défense de troubler le demandeur dans la jouissance légale de cette église, notamment en y faisant exécuter les sonneries religieuses ; — Attendu que Bouchilloux prétend que, depuis que la commune de Mandacou n'a pas consenti à loger gratuitement les curés dans le presbytère communal, l'abbé Delbreil et un prédicateur, pour punir la commune de son obéissance à la loi de séparation, se sont refusés à célébrer la messe et les autres cérémonies religieuses dans l'église de Mandacou et, lors des enterrements, obligent les paroissiens de cette commune à

transporter les corps dans l'église d'Eyrenville, de là dans le
cimetière de Mandacou; qu'il ajoute que, après le décès du
sieur Magnac, ses enfants, se conformant aux volontés du
défunt, se refusant de se plier aux arbitraires exigences de
l'abbé Delbreil, ne consentirent point à transporter le corps
du défunt à Eyrenville, décidèrent de se passer du ministère
du prêtre et demandèrent à Bouchilloux, maire de Mandacou, de faire sonner les cloches de l'église communale et
pour annoncer les obsèques et pendant la durée de la cérémonie funèbre; — Attendu que Bouchilloux reconnaît que,
trouvant légitime le désir exprimé par les enfants Magnac,
et le sacristain se refusant à exécuter les sonneries pour
annoncer cette cérémonie, il exigea de ce dernier la remise
des clés de l'église et fit sonner les cloches par un sacristain
de son choix avant et pendant les obsèques, et que depuis
lors, du reste, il fait régulièrement sonner les cloches trois
fois par jour par le nouveau sacristain par lui nommé; —
Qu'il ajoute que, l'abbé Delbreil ne s'étant jamais installé à
Mandacou, il ignore s'il se trouve réellement en présence
d'un prêtre régulièrement investi du titre de desservant de
cette commune; — Qu'il lui offre toutefois de lui remettre la
clé de l'église, mais à la condition que l'abbé Delbreil accom-
plisse désormais les offices religieux dans la commune de
Mandacou; que, faute par l'abbé Delbreil de prendre cet engagement, il n'est pas tenu de remettre cette clé à un ministre du culte quelconque, qu'il ne connaît pas et qui ne se
conforme pas à la loi, laquelle ne laisse les édifices religieux
à la disposition des fidèles et du clergé que pour la pratique
du culte; — Mais, attendu que si, étant donné le peu d'empressement mis par le clergé à se conformer à la loi de séparation, il n'est pas invraisemblable que l'abbé Delbreil, en

s'abstenant systématiquement de célébrer les cérémonies
religieuses dans l'église de Mandacou, ait obéi aux mobiles
que lui prête Bouchilloux, il est bien certain que ce dernier
et plusieurs de ses administrés ont délibérément voulu donner aux obsèques de Magnac tous les caractères d'un enterrement civil et même de manifestation antireligieuse ; —
Que cela ressort très clairement du compte rendu de ses
obsèques donné par le journal l'*Indépendant* (numéro du
23 juin 1909), versé aux débats, et des discours qui y ont été
prononcés ; que dans l'un de ces discours on dit en effet que
« le défunt a repoussé les consolations banales de prétendus
ministres d'une religion toute faite de superstitions et de
préjugés » ; — Que, dans ces conditions on peut bien se demander pourquoi les amis du défunt, voulant se livrer à une
telle manifestation, ont éprouvé le besoin, sans doute pour
en relever l'éclat, d'y adjoindre des sonneries de cloches
ayant un caractère religieux, et de heurter ainsi, bien inuti-
lement, semble-t-il, les consciences catholiques ; — Attendu
qu'aux termes de l'art. 51 du règlement d'administration
publique du 16 mars 1906 les cloches des édifices servant à
l'exercice public du culte ne peuvent être employées aux
sonneries civiles que dans le cas de péril commun qui exigent un prompt secours, et que, si elles peuvent être utili-
sées dans d'autres circonstances, ce n'est que dans le cas où
cet emploi est prescrit par les dispositions des lois ou règlements, ou autorisé par les usages locaux ; — Attendu qu'il
résulte d'un arrêt du Conseil d'État du 5 août 1908 (D. P.
1908.3.82) « qu'aucune disposition de loi ou de règlement ne
prescrit l'emploi des cloches des édifices servant à l'exercice
public du culte pour les enterrements ou les mariages civils » ;
et que le maire qui les fait servir à cette usage commet un

véritable excès de pouvoir; — Attendu qu'il n'est même pas soutenu qu'à Mandacou il soit d'usage de sonner les cloches pour les obsèques civiles; que c'est donc à tort et sans droit que Bouchilloux a ordonné les sonneries; — Attendu qu'aux termes de l'art. 5, § 1er de la loi du 2 janv. 1907, « les édifices affectés à l'exercice du culte, ainsi que les meubles les garnissant, continueront, sauf désaffectation, à être laissés à la disposition des fidèles et des ministres du culte pour la pratique de leur religion »; — Attendu qu'il est évident que les cloches figurent parmi les objets laissés à la disposition des fidèles, et que le droit de s'en servir emporte celui d'empêcher les personnes étrangères à la confession religieuse d'en user contrairement à leur destination; — Attendu qu'il résulte du texte précité que Bouchilloux est obligé de laisser l'église de Mandacou, tant qu'il n'en aura pas obtenu la désaffectation, à la disposition du desservant et des fidèles de cette paroisse; — Qu'il doit donc remettre l'une des clefs audit desservant; — Qu'avant la désaffectation de l'église il ne peut en prendre possession au nom de la commune, ni instituer un gardien; — Attendu que, quoi que prétende Bouchilloux, il ne peut ignorer la mission dont l'abbé Delbreil a été investi par l'évêque diocésain, puisque ledit abbé l'exerce en fait depuis deux ans et que Bouchilloux est entré en rapport avec lui en cette qualité, ainsi qu'il le reconnaît, à diverses reprises; qu'il lui a même écrit pour lui notifier la délibération du conseil municipal; — Que son offre de lui remettre les clés à condition de pratiquer le culte dans l'église implique qu'il reconnaît bien à l'abbé Delbreil la qualité de desservant de la commune; — Que c'est donc à tort et sans droit qu'il se refuse à lui livrer l'une des clés de cette église, où ne peuvent pénétrer ni l'abbé Delbreil pour accomplir son ministère, ni les fidèles pour y prier ; — Qu'il ne peut subordonner cette remise à aucune condition ; — Que son seul droit, ainsi qu'il a été dit, est de provoquer la désaffectation de l'église si le culte cesse d'y être exercé pendant plus de six mois (art. 13, § 2 de la loi du 9 déc. 1905) ; — Attendu que ni l'urgence ni notre compétence ne sont contestées ;

Par ces motifs, statuant en référé, par provision et vu l'urgence, rejetons l'offre faite par Bouchilloux ; — Disons que dans les vingt-quatre heures de la signification de la présente ordonnance, celui-ci sera tenu de restituer à l'abbé Delbreil une clef de la serrure de l'église de Mandacou ; — Disons que, faute par lui de ce faire dans ledit délai, le demandeur sera autorisé à faire procéder à la confection d'une clef aux frais remboursables sur simple mémoire de quittance des ouvriers : — Autorisons au besoin le demandeur à se faire assister par la force publique ; — Faisons défense à Bouchilloux de troubler le demandeur dans la jouissance légale de l'église de Mandacou, et de son mobilier, et notamment de faire exécuter les sonneries religieuses ; — Ordonnons l'exécution provisoire sur minute et avant enregistrement de la présente ordonnance, conformément à l'art. 135 C. pr. civ. ; — Au fond : — Renvoyons les parties à se pourvoir au principal ainsi qu'elles aviseront, et disons que les dépens de la procédure en référé y seront joints.

Le tribunal de Bergerac ne pouvait adopter une autre solution sous peine de contredire la doctrine laïque qui est à l'origine même de la loi de séparation et on ne pourrait sans paradoxe soutenir que le législateur de 1905 a voulu confier à l'autorité judiciaire la mission de surveiller les desservants et de les contraindre à l'exact accomplissement des cérémonies de l'année liturgique. La loi n'exige, et pour cause, aucun minimum rituel et les fidèles sont seuls qualifiés pour décider si leur paroisse est suffisamment desservie. Si maintenant la commune estime qu'en fait l'édifice dont elle est propriétaire ne sert plus à aucun usage religieux et qu'elle est uniquement la victime de réclamations vexatoires, une issue lui est ouverte, celle de demander à l'autorité administrative supérieure la désaffectation qui ne peut être prononcée que par décret. Après l'obtention de ce décret, la commune pourrait faire de son immeuble tel usage qui lui agréerait, mais, à défaut de cette mesure, l'affectation religieuse est certaine et, nous le verrons plus loin, exclusive.

Dans quelques communes, le conflit entre le maire et le desservant s'éleva dans des conditions plus curieuses encore, aussi intéressantes pour le juriste que pour le sociologue.

Dans une petite commune de l'arrondissement d'Agen, un certain abbé Cavaillé, non content de son titre de desservant de l'Association cultuelle

catholique de Puymasson, veut encore faire bénéficier de son zèle religieux les fidèles d'une paroisse voisine. Conformément au paragraphe deuxième de l'article 5 de la loi de 1907, il passe, en
la forme administrative, avec le maire de Saint-
Hilaire-sur-Garonne, un contrat lui assurant la
jouissance gratuite de l'église communale. Le voici
donc en possession d'un titre régulier, semble-t-il
et l'issue de la lutte ne saurait être douteuse, si le
combat s'engage entre lui et ces vulgaires « occupants sans titre juridique » que sont, d'après M. le
ministre des cultes, les prêtres et les fidèles qui
n'ont rien voulu signer du tout. En effet elle n'est
pas douteuse, comme on va le voir, mais le résultat ne répond guère aux espérances de M. l'abbé
Cavaillé qui a la mauvaise chance de gagner par-
tiellement son procès en première instance et suc-
combe en appel sous les coups d'un arrêt bien vite
célèbre en jurisprudence.

LA COUR ; — Attendu que l'appel principal et l'appel incident étant réguliers, il y a lieu de les déclarer recevables
en la forme et de statuer au fond sur les conclusions respec-
tives des parties ; — Attendu qu'il résulte des faits de la
cause et des documents versés aux débats que l'abbé Cavaillé,
desservant de l'église de Puymasson, commune de Clermont-
Dessous (Lot-et-Garonne), a été frappé le 10 oct. 1905, par

les vicaires capitulaires durant la vacance du siège épiscopal d'Agen, d'une suspense totale, qui a entraîné la révocation de ses fonctions ; que, l'administration capitulaire ayant
pris fin, l'évêque d'Agen confirma cette suspense, le
13 mars 1906 ; que, sous la période concordataire, l'autorité
administrative, constatant que l'abbé Cavaillé avait légalement cessé d'exercer ses fonctions de desservant à la date du
15 oct. 1905, n'a plus mandaté son traitement à partir de
cette époque ; qu'une association cultuelle ayant été constitué à Puymasson, et ayant reconnu l'abbé Cavaillé comme
desservant de cette paroisse, l'évêque d'Agen a rendu, le
5 mai 1906, une ordonnance portant interdit de l'église de
Puymasson ; que, dans ces conditions, l'abbé Cavaillé ne
saurait être considéré actuellement comme prêtre catholique romain, et qu'on ne peut que constater qu'il est un prêtre schismatique ; — Attendu que l'abbé Cavaillé a célébré
le service religieux les 11 et 23 avril 1907, dans les églises
de Durance (arrondissements de Nérac) et Loubès (arrondissement de Marmande), affectées au culte catholique romain ; que dans le même mois, il sollicita de M. Florence,
maire de Saint-Hilaire-sur-Garonne, l'usage de l'église de
cette commune pour y célébrer la messe et y faire le caté-
chisme à des enfants ; que, le maire consulta M. le préfet
de Lot-et-Garonne, qui, par une lettre du 18 avril 1907, répondit « que le desservant de la commune, ou un prêtre
agréé par lui, pouvait seul exercer le culte dans l'église communale » ; que M. Florence ayant donné, en juin 1907, sa
démission de maire et de conseiller municipal, à raison des
difficultés soulevées par les prétentions de l'abbé Cavaillé,
ce dernier renouvela ses instances auprès de la nouvelle municipalité ; que par un acte sous seings privés, en date du

1er août 1907, le sieur Beaume, agissant comme maire de la commune d Saint-Hilaire-sur-Garonne, en vertu d'une délibération du conseil municipal du 27 juillet précédent, a « attribué à l'abbé Cavaillé, desservant de l'association cultuelle de Puymasson, pour une durée de cinq années, à partir du 19 août 1907, la jouissance gratuite des églises paroissiales de Saint-Hilaire (chef-lieu) et de Cardonnet (section), affectées au culte catholique, et des objets mobiliers les garnissant » ; que, par le même acte, il louait à l'abbé Cavaillé, pour le même laps de temps, la partie du presbytère de Saint-Hilaire, qui appartient en propre à la commune, « à la charge de dire, sans toucher d'honoraires, pendant les cinq années, les 40 francs de messe qui sont à la charge de la commune, et d'abandonner tous les droits que son titre de desservant lui donne sur le presbytère de Cardonnet ; » Attendu que l'abbé Cavaillé a fait publier dans plusieurs journaux de la région, une lettre en date du 3 août 1907, par laquelle il informait les catholiques de Saint-Hilaire et de Cardonnet que, « librement choisi par leur municipalité pour desservir leur église paroissiale, il avait accepté cette fonction » ; qu'au jour fixé, par l'acte précité, pour l'entrée en jouissance de l'église, le 19 août 1907, sur les neuf heures du matin, l'abbé Cavaillé s'est présenté à la porte de Saint-Hilaire, pour y célébrer la messe, en compagnie des abbés Fatome et Gautier, prêtres schismatiques et interdits, anciens desservants des diocèses de Coutances et de Bordeaux ; qu'ils étaient tous les trois revêtus du costume ecclésiastique, et escortés du sieur Beaume et de deux gendarmes, que le maire avait requis pour assurer le maintien de l'ordre et de la tranquilité publique ; que la porte de l'église était fermée ; qu'il est établi que la messe venait d'être dite par

l'abbé Cardonne, prêtre catholique romain, desservant depuis
vingt-ans la paroisse de Saint-Hilaire, qui, à ce moment, ré-
citait, avec des fidèles le chapelet à haute voix : que le sieur
Beaume, n'ayant pu réussir à ouvrir la porte de l'église, fit
forcer la serrure de la porte donnant accès de la voie publique dans la sacristie, ainsi que la serrure de la porte donnant
accès de la sacristie dans l'église, entra dans cet édifice, ouvrit lui-même de l'intérieur la grande porte de l'église, et fit
pénétrer l'abbé Cavaillé et les deux abbés qui l'escortaient ;
que ces trois prêtres, marchant vers l'autel, s'avancèrent
jusqu'à la balustrade du chœur, derrière laquelle se trouvait
l'abbé Cardonne avec plusieurs personnes ; que ce dernier,
s'adressant à l'abbé Cavaillé, s'écria : « Arrête, apostat ! »

Qu'une altercation des plus vives eut lieu de part et d'autre ; que l'abbé Cavaillé présentait des papiers, affirmant
« qu'il avait le droit d'exercer le culte dans cette église, en
vertu du contrat conclu par lui avec la municipalité », et ré-
pétant : « Nous sommes les prêtres de la liberté ! » ; qu'après
un assez grand tapage, l'abbé Cavaillé se retira avec ses
compagnons en disant : « J'aurai le dernier mot ! » et en invitant les gendarmes à constater « qu'on l'avait empêché
d'exercer son ministère » ; que le maire, ayant dressé le
même jour un procès-verbal contre l'abbé Cardonne et diverses autres personnes, à raison de leur opposition à l'exercice du culte que devait célébrer l'abbé Cavaillé, il a été ouvert une information qui fut clôturée, le 7 août 1908, par
une ordonnance de non-lieu en faveur de tous les inculpés:
— Attendu que, par exploit en date du 12 sept. 1907 l'abbé
Cardonne et six autres habitants de la commune, agissant
solidairement comme desservant et fidèles de l'église de
Saint-Hilaire-sur-Garonne, ont assigné l'abbé Cavaillé et le

sieur Beaume à comparaître devant le tribunal civil d'Agen,
pour s'entendre faire inhibition et défense de troubler les
demandeurs dans la libre jouissance de l'église de Saint-Hilaire, et le desservant dans l'occupation légale qu'il a de ladite église, et s'entendre condamner solidairement, à raison
du préjudice causé par leurs entreprises, à des dommages-
intérêts et aux dépens ; — Attendu que le sieur Beaume prétend vainement que l'autorité judiciaire est incompétente
pour connaitre de l'action dirigée contre lui, parce que les
actes qui lui sont reprochés auraient été accomplis par lui
comme maire, dans l'exercice de ses fonctions ; — Attendu
qu'il ne s'agit pas, dans la cause actuelle, de statuer sur la
validité de la délibération du conseil municipal de Saint-Hilaire, en date du 26 juill. 1907, mais d'apprécier la valeur
d'un bail ayant pour objet un édifice appartenant à la commune, ainsi que le préjudice qui aurait été causé par l'exécution de ce contrat ; que si, aux termes de l'art. 13 de la loi
des 16-24 août 1790, les tribunaux civils sont incompétents
pour connaitre des actes administratifs, c'est au pouvoir judiciaire seul qu'il appartient de prononcer sur les contestations
concernant le droit de propriété et ses démembrements, ainsi
que sur les difficultés auxquelles donnent lieu les divers contrats de droit civil ; que, de plus, l'autorité judiciaire est
compétente pour connaître d'une action en indemnité formée contre un fonctionnaire public à raison d'actes qui lui
sont personnels ; que les appelants principaux demandent
que le sieur Beaume soit comdamné à des dommages-intérêts pour avoir violé la loi, en voulant installer un prêtre
schismatique dans une église affectée au culte catholique romain, et en voulant exécuter de sa propre autorité un contrat de droit civil ; que les faits ainsi reprochés sont person-

nels et se détachent de ses fonctions de maire; que c'est
donc à juste titre que le tribunal s'est déclaré compétent et
que l'appel incident du sieur Beaume doit, en conséquence
être rejeté comme mal fondé ; — Attendu que l'art, 5, § 1er,
de la loi du 2 janv. 1907 décide que, « à défaut d'associations
cultuelles, les édifices affectés à l'exercice du culte, ainsi
que les meubles les garnisssant, continueront, sauf désaffec-
tion dans les cas prévus par la loi du 9 déc. 1905, à être laissés à la dispositions des fidèles et des ministres du culte pour
l'exercice de leur religion » ; — Attendu que l'église de
Saint-Hilaire-sur-Garonne a été depuis son origine affectée
au culte catholique romain, et qu'elle n'a été l'objet d'aucune
désaffectation ; que l'abbé Cardonne nommé par l'évêque
d'Agen le 1er mars 1887, desservant de cette église, est resté
depuis cette époque curé de cette paroisse, en qualité de
prêtre catholique romain ; que n'ayant pas rempli les formalités prévues par les paragraphes 2 et 3 de l'art. 5 de la loi
du 2 janv. 1907, l'abbé Cardonne ne saurait prétendre à la
situation priviligiée réservée, soit aux ministres du culte au
service d'une association formée en vertu des dispositions
des lois du 9 déc. 1905 ou du 1er juillet. 1901, soit à ceux
dont les noms sont indiqués dans les déclarations prescrites
par la loi du 9 déc. 1905 et auxquels la jouissance de l'église
a été accordée ; que ce desservant ne possède pas le droit
d'usufruit dont jouissaient autrefois les Fabriques ; qu'il ne
peut faire relativement à l'église aucun acte d'administration,
et qu'il n'est qu'un simple occupant n'ayant qu'une possession de fait absolument précaire, dont le titre juridique est
dans l'art. 5, § 1er, de la loi du 2 janv. 1907 ; mais que
cette possession entraine pour l'occupant une certaine responsabilité ; que notamment une circulaire ministérielle du

9 déc. 1906 fait observer que « les desservants sont tenus de ne pas laisser préjudicier à l'église et aux objets la garnissant » ; que ces obligations ne se conçoivent qu'avec un droit de surveillance qui serait illusoire, s'il n'était assorti d'une action judiciaire, la loi du 2 janv. 1907 n'ayant pu reconnaitre la possession des ministres d'un culte sans leur donner aussi le moyen de la faire respecter ;

Attendu que l'art. 5 de la loi du 2 janv. 1907 laissant les églises non désaffectées à la disposition « des fidèles », pour la pratique de leur religion, on ne saurait dénier à ces derniers le droit de demander à la justice réparation de l'atteinte portée à la possession qui leur est concédée par la loi ; que c'est à tort que les premiers juges ont déclaré que la qualité de « fidèle » ne pouvait être reconnue qu'à ceux qui se sont conformés aux dispositions de l'art. 5, § 2, de la loi du 2 janv. 1907 ; que les sieurs Laroche, Bosch et autres paroissiens de l'église de Saint-Hilaire ne peuvent se voir refuser la faculté d'intenter une action contre ceux qui troublent l'exercice de leur culte parce qu'il n'a été formé dans la commune ni une association cultuelle, ni une association constituée en vertu des dispositions de la loi du 1er juill. 1901, leur permettant d'obtenir par un contrat la jouissance de l'église ; qu'ils seraient sortis de l'Église catholique romaine, et ne seraient plus considérés comme des « fidèles » de cette Église, s'ils avaient formé ces associations et ces contrats, qui leur ont été interdits par le pape ; que le législateur de 1907, se rendant compte des difficultés de cette situation, a voulu néanmoins protéger « les fidèles » dans la pratique de leur religion ; que la qualité de « fidèle » est une question de fait, qui est laissée à l'appréciation du juge ; que, dans la cause actuelle, cette qualité

ne saurait être contestée aux sieurs Laroche, Bosc et autres
appelants principaux, tous habitants de la commune de
Saint-Hilaire-sur-Garonne, qui, reconnus par leur évêque
comme acceptant le dogme de l'Église catholique romaine
et pratiquant son culte, se sont joints à leur curé catholique
romain pour affirmer avec lui leur foi religieuse et demander ensemble par un même exploit à ne plus être troublés
illégalement dans la pratique de leur religion ; que leur action, aussi bien que celle de l'abbé Cardonne, doit donc
être déclarée recevable ; — Attendu que c'est à tort que
l'abbé Cavaillé, prêtre interdit et schismatique, prétend
qu'il avait le droit, en vertu du contrat de bail du 1er août
1907, de célébrer les cérémonies du culte dans l'église non
désaffectée de Saint-Hilaire-sur-Garonne, et que le sieur
Beaume soutient qu'il avait légalement, comme maire, le
pouvoir d'attribuer à ce prêtre la jouissance des églises de
la commune ; que le sieur Beaume n'ignorait pas que l'abbé
Cavaillé ne faisait plus partie de l'Eglise catholique romaine.
puisque la suspense totale dont il avait été frappé avait reçu
dans tout le diocèse la plus grande publicité, et que, du
reste, dans l'acte du 1er août 1907, ce prêtre prenait la qualité « de desservant de l'association cultuelle de Puymasson » ; que l'abbé Cavaillé indiquait ainsi qu'il s'était rendu
indépendant de l'autorité du pape, qui avait interdit la constitution des associations cultuelles ; qu'il résulte de l'art. 1er
de la loi du 9 déc. 1905, qui « garantit le libre exercice des
cultes », ainsi que de l'art. 5 de la loi du 2 janv. 1907 susvisé,
que les églises sont laissées à la disposition des ministres
du culte et des fidèles, pour la célébration du culte auquel
elles étaient affectées au moment de la loi de séparation, et

6

que les maires ne peuvent en accorder la jouissance que
pour cet usage ; — Que l'intention du législateur a été proclamée à diverses reprises, dans les termes les plus formels,
par M. le ministre des cultes ; que notamment, à la séance
de la Chambre des députés du 21 déc. 1906, le ministre
s'est exprimé ainsi : « Voilà une église, elle a été affectée
au culte catholique. L'affectation, c'est l'indication de l'objet, c'est l'indication du but, c'est la désignation de l'usage
qu'on devra faire de cet édifice, ce n'est pas n'importe quel
usage. Le maire ne peut pas disposer de cet édifice pour
n'importe quoi. Si c'est une église catholique, elle est vouée
au culte catholique jusqu'à désaffectation » (*Journ. off.* du
22 déc 1906, débats parlementaires, p. 3397) : que le ministre a reproduit la même idée dans la séance du Sénat
du 27 déc. 1906 (*Journ. off.* du 27 déc. 1906, p. 1231 et
1232), et qu'il a déclaré enfin, dans une circulaire en date
du 3 févr. 1907, que le culte auquel les édifices doivent rester affectés jusqu'à désaffectation régulière « n'est pas un
culte quelconque, mais celui-là même auquel ils étaient affectés avant la séparation » (*Journ. off.* du 4 févr. 1907,
p. 997) ; que la concession de la jouissance d'une église ne
pouvant ainsi avoir pour objet que d'en régler le mode
d'usage, et non de substituer un usage à un autre, le maire
ne saurait accorder la jouissance d'une église catholique romaine à une association ou à un ministre qui se proposerait
d'y exercer un autre culte ; que le contrat illégal du
1er août 1907 n'a donc aucune valeur, et que l'abbé Cavaillé
n'a pas le droit d'exercer un acte quelconque du culte dans
l'église non désaffectée de Saint-Hilaire-sur-Garonne ; —
Attendu que, si le sieur Beaume avait comme maire la
gestion des biens de la commune et la charge du maintien

du bon ordre dans l'église (art. 97, § 3, de la loi du
9 avril 1884), il n'avait certainement pas le droit de tenter
par violence de faire exécuter le contrat de bail qu'il avait
consenti à l'abbé Cavaillé ; que, de même, ce dernier ne
pouvait troubler la possession de l'abbé Cardonne et des
fidèles de la commune, en prétendant exercer des droits
qu'il n'avait pas ; que l'abbé Cardonne ne devait pas fermer
à clef la porte de l'église, mais qu'il n'a agi ainsi que pour
empêcher l'accomplissement d'un acte qu'il considérait
comme une profanation sacrilège, l'abbé Cavaillé, qui avait
déjà célébré illégalement le culte, dans les églises non désaffectées de Durance et de Loubes (Lot-et-Garonne), ayant
publié dans la région qu'il exercerait le culte, à partir du
19 août 1907, dans l'église de Saint-Hilaire, dont la jouissance lui avait été concédée ; qu'en pénétrant dans cette
église, escorté de deux autres prêtres schismatiques comme
lui, avec la volonté d'en prendre possession et d'y célébrer
le culte, en manifestant l'intention de se servir des vases
sacrés et des ornements sacerdotaux dont l'abbé Cardonne
avait la garde et la responsabilité, en invoquant enfin des
droits contraires à la loi, l'abbé Cavaillé a interrompu les
prières des fidèles, et les a contraints à cesser la récitation
du chapelet qu'ils faisaient à haute voix ; qu'il a porté ainsi
des entraves à l'exercice du culte ; — Que l'abbé Cardonne
a été manifestement troublé dans son repos, ses travaux et
ses occupations par les résolutions que l'abbé Cavaillé avait
fait connaître dans tout le pays ; que le sieur Beaume, qui
savait, par la lettre susvisée de M. le préfet de Lot-et-Garonne, que l'abbé Cardonne « avait seul le droit d'exercer
le culte dans l'église communale », s'est fait volontairement
le complice de ces provocations et de ces agissements illici-

tes ; qu'ils ont ainsi l'un et l'autre causé, ensemble et de
concert, par leurs fautes, un préjudice à l'abbé Cardonne ;
que, si les sieurs Laroche, Bosc et les autres demandeurs
ne se trouvaient pas dans l'église au moment où ces actes
avaient été accomplis, ils se sont vus dans la nécessité de
résister aux prétentions illégales de l'abbé Cavaillé et du
sieur Beaume, qui proclamaient que le bail était valable et
qu'il serait exécuté ; que les lettres écrites par l'abbé Cavaillé
et par le sieur Beaume à M. le procureur de la République
d'Agen, et celle adressée le 5 sept. 1907, par le sieur
Beaume, à M. le ministre de l'intérieur, ne laissent aucun
doute sur leur résolution bien arrêtée de mettre leurs projets à exécution et d'installer un culte schismatique dans
une église consacrée au culte catholique romain : que le
sieur Laroche et autres demandeurs, troublés ainsi dans
leur foi religieuse et obligés de s'adresser à la justice pour la
défense de leurs droits, ont éprouvé, tant par les provocations que par les agissements et par la résistance injustifiée
de leurs adversaires, un préjudice qui doit tout au moins
amener la condamnation de ces derniers à tous les dépens ;
qu'il convient donc de faire défense à l'abbé Cavaillé et au
sieur Beaume de récidiver et de troubler les demandeurs
dans la disposition qui leur est laissée de ladite église ; qu'il
y a lieu de prendre toutefois en considération que l'abbé
Cavaillé et le sieur Beaume se sont retirés, le 19 août 1907,
sans avoir complètement mis à exécution le projet qu'ils
avaient formé : que, dans ces conditions, il suffit d'allouer
aux demandeurs les dépens à titre de dommages-intérêts ;
qu'il convient, en conséquence, de condamner conjointement et solidairement l'abbé Cavaillé et le sieur Beaume,
pour réparation du préjudice qu'ils ont causé ensemble et

de concert aux demandeurs par leurs agissements illicites, aux entiers dépens de première instance et d'appel, envers tous les appelants.

Par ces motifs, dit l'appel principal et l'appel incident réguliers et recevables en la forme ; rejette comme mal fondée l'exception d'incompétence proposée par le sieur Beaume, et le déboute de son appel incident ; — Dit qu'il a été mal jugé par le jugement rendu entre les parties, le 11 mars 1909, par le tribunal civil d'Agen, bien appelé de cette décision par l'appel principal ; — Réformant le jugement déféré et faisant ce que les premiers juges auraient dû faire ; — Déclare l'abbé Cardonne, les sieurs Laroche, Bosc et autres appelants principaux, recevables et bien fondés dans leur action ; — Condamne l'abbé Cavaillé et le sieur Beaume conjointement et solidairement, à titre de dommages-intérêts, à raison du préjudice qu'ils ont causé ensemble et de concert aux demandeurs, par leurs agissement illicites, aux entiers dépens de première instance et d'appel, envers tous les appelants [1].

Ici, à Saint-Hilaire, le contrat de jouissance gratuite avait été conclu entre un prêtre, d'ailleurs interdit par son évêque, et l'autorité municipale ; ailleurs, notamment dans la petite demi-douzaine de communes où furent constituées, en apparence, des associations cultuelles, le débat surgit lorsque le desservant de l'association voulut exercer les

1. Agen, 19 juillet 1909 : D. P, 1910, 2. 29.

droits que la loi semblait lui garantir. On sait, en
effet, qu'au lendemain de la Lettre du Pape. bien
que la question pratique fut définitivement tranchée pour l'unanimité des catholiques, il se trouva
pourtant quelques personnes, qui, tout en maintenant explicitement leur adhésion à l'enseignement
doctrinal de l'Église catholique, pensèrent pouvoir
fonder des associations cultuelles, comme les y in-
vitait la loi de 1905. Ces démarches exceptionnelles
méritent l'attention du sociologue, parce que les
anomalies, en quelque compartiment de la vie sociale qu'elles se produisent (vêtement. coutumes
nationales, préceptes moraux, etc.) sont toujours
instructives : elles permettent de mesurer la vigueur de la loi sociale observée d'après la fermeté
et la netteté des réactions que suscite la violation.
Ici le phénomène est très significatif : *l'unanimité
des catholiques se rangea sans hésitation à l'avis
du chef de l'Église, en dépit des efforts d'un comité
constitué à Paris, rue Legendre, pour favoriser la
formation d'associations cultuelles et de la sympathie non équivoque de l'administration publique
qui encouragea les premières démarches des cinq
ou six associations cultuelles désireuses de se constituer. Les tribulations de toute nature furent ce
qui manqua le moins à ces audacieuses associa-

tions, et s'il est vrai que les coups reçus meurtrissent davantage lorsqu'on les reçoit de la main même des amis sur le dévouement desquels on compte le plus, il faut dire qu'elles connurent, jusqu'à leur fin misérable, toutes les angoisses de l'abandon ; ce furent en effet les tribunaux mêmes de la République « qui ne reconnait aucun culte » qui proclamèrent leur défaut d'orthodoxie et, par suite, leur inaptitude à disputer la jouissance gratuite des églises aux « fidèles catholiques romains » et aux prêtres restés en communion avec l'Église « catholique, apostolique et romaine ». Écoutons plutôt les magistrats du tribunal civil de Brive.

A Saint Cyr-Laroche, une association cultuelle a été fondée le 18 mars 1907 et, le 1er juin suivant, elle a passé avec le maire de cette commune un contrat de jouissance gratuite de l'église ; elle possède donc, elle aussi, un titre juridique et reconnu, et cependant sa défaite n'est pas moins complète que celle de l'abbé Cavaillé.

Attendu, déclare le tribunal de Brive dans son audience du 23 déc. 1908, qu'il est constant que, dans le courant de janvier 1907, l'abbé Ceyrolle, alors curé de Saint-Cyr-Laroche, quitta cette commune sans y être remplacé par un autre prêtre catholique romain ; qu'une association cultuelle s'étant formée le 18 mars 1907, elle fit appel d'abord

à l'abbé Bellot, puis à l'abbé Fatôme, qui dit se rattacher à
l'église ancienne catholique ; que déclaration fut faite à la
sous-préfecture de Brive, le 2 avril 1907, et publications
effectuées à l'*Officiel* le 9 mai suivant ; que, le 1er juin
1907, il intervint, entre Plantady, alors maire de Saint-Cyr-
Laroche, et le président de l'association cultuelle ainsi
constituée, un acte administratif portant attribution à ladite
association, pour une durée de neuf années, de la jouissance
gratuite de l'église paroissiale et de la chapelle de Notre-
Dame-Saint-Cyr, avec les objets mobiliers les garnissant ;
que, le 1er décembre suivant, l'abbé Dumas fut nommé
curé de Saint-Cyr-Laroche par l'évêque de Tulle ; que
l'abbé Dumas et un certain nombre d habitants de la com
mune. se proclamant adhérents de l'église catholique romaine, demandent à être mis en possession de l'église et
de la cnapelle de Notre-Dame-Saint-Cyr ; que Chouzenoux,
maire actuel de Saint-Cyr-Laroche, déclare s'en remettre
à droit ; que l'abbé Fatôme et le président de la cultuelle
concluent à la non-recevabilité de la demande, à raison
de l'attribution qui leur a été antérieurement faite des édifices dont s'agit ; — Attendu que, si certaines divergences
paraissent exister entre les pièces produites de part et
d'autre, relatives au contrat d'attribution, il ne faut pas
perdre de vue qu'il s'agit uniquement d'instruments destinés à faire preuve ; que les conventions passées entre le
maire et l'association cultuelle ne sont pas contestées et
que les difficultés qui seraient susceptibles de s'élever
à cet égard sont indifférentes à la solution du litige
dont le tribunal est actuellement saisi ; — Attendu, d'autre part, qu'il n'y a pas lieu de s'arrêter au caractère
administratif de l'acte du 1er juin 1907 ; que, depuis

la séparation des Églises et de l'État, les églises font
partie du domaine privé des communes et que les contrats d'attribution sont, non des actes d'autorité, mais des
actes de gestion, véritables conventions privées assimila-
bles aux baux, que l'autorité judiciaire est compétente pour
examiner : — Attendu que, si l'association cultuelle de
Saint-Cyr-Laroche s'était formée sous l'empire et dans les
délais de la loi du 9 décembre 1905, il n'est pas douteux
qu'elle devrait être maintenue en possession et que, tant
qu'un décret de désaffectation ne serait pas intervenu
dans les termes de l'article 13 de cette loi, on ne pourrait
lui préférer de simples individualités, qui ne seraient pas
elles-mêmes constituées en associations cultuelles ; mais
que l'association de Saint-Cyr a été établie sous le régime
créé par la loi du 2 janv. 1907, qui dispose, en son art. 5,
§ 1er, que, « à défaut d'associations cultuelles, les édifices
affectés à l'exercice du culte, ainsi que les meubles les garnissant, continueront, sauf désaffectation, à être laissés à
la disposition des fidèles et des ministres du culte pour
la pratique de leur religion » ; que, si les paragraphes qui
suivent établissent une sorte de hiérarchie entre les personnalités, morales ou physiques, à qui la jouissance gratuite des édifices peut-être accordée, c'est à la condition que
ces personnalités se réclament, les unes et les autres, de la
religion à laquelle les édifices étaient consacrés avant la loi ;
que le paragraphe 1er domine le reste du texte et préfère les
simples fidèles de la religion anciennement célébrée dans
l'église, considérés *ut singuli*, à des citoyens, même régulièrement associés, qui appartiendraient à une secte ou
confession différente ; que c'est à dessein que le texte em-
ploie ces mots : « continueront à être laissés » à la dis-

position des fidèles ; que les termes : « à défaut d'associations cultuelles » ne doivent pas faire illusion ; qu'ils
signifient simplement « faute par des associations cultuelles
de s'être constituées » ; que la pensée du législateur est
révélée par le paragraphe 2 lui-même, qui ne prévoit la
concession de jouissance gratuite des édifices qu'à des
associations formées pour assurer la continuation de
l'exercice public du culte; — Attendu que cette interprétation est bien conforme à l'esprit de la loi du 2 janv. 1907;
que cette loi n'est pas, comme on l'a soutenu dans un but
de polémique trop facile à comprendre, une œuvre de
spoliation et de lutte destinée à enlever les églises au culte
catholique et à favoriser les schismes ; que le gouvernement et les membres de la majorité des deux Chambres
se sont toujours défendus d'avoir voulu encourager un
mouvement schismatique, qui ne serait plus de notre
temps et ne saurait avoir, à l'époque actuelle, aucune
chance de succès ; que, bien loin de tendre à dépouiller
l'Église romaine, la loi du 2 janv. 1907 n'a eu d'autre but
que de soustraire, dans la mesure du possible, les catholiques aux conséquences désastreuses qu'aurait entraînées
pour eux la stricte application de la loi du 9 déc. 1905,
par suite de refus de la Papauté de laisser se constituer
des associations ; que c'est donc une loi essentiellement
libérale et qu'on est quelque peu surpris de voir l'abbé
Fatôme faire plaider le contraire ; — Attendu que les
travaux préparatoires de la loi de 1907 corroborent cette
manière de voir ; qu'on lit, dans l'exposé des motifs :
« Même dans le cas où il n'aurait pas été constitué d'association pour le culte, les églises *resteront* ouvertes jusqu'à
désaffectation, tant aux fidèles qu'aux ministres du culte

qui voudraient y pratiquer leur religion » ; que c'est bien
le culte antérieurement célébré dans les églises qu'on a
voulu y maintenir ; qu'en outre, des déclarations décisives
ont été faites à la Chambre, au cours de la séance du
21 déc. 1906 ; que, M. Raiberti s'étant préoccupé de la
question de savoir si l'autorité administrative pourrait
arbitrairement choisir le ministre du culte auquel la jouissance de l'édifice serait concédée, M. Briant lui répondit :
« Le maire ne peut pas disposer de cet édifice pour n'importe quoi ; si c'est une église catholique, elle est vouée au
culte catholique jusqu'à désaffectation. Mais vous allez
dire : S'il se forme une association de gens qui ont une
arrière-pensée et si le curé désigné par le maire est un
faux curé ! Dans ce cas, il y a les affectataires, il y a les
catholiques, qui pourront faire ce qui est permis à tous les
citoyens dont les droits sont lésés, se pourvoir devant les
tribunaux et plaider leur cause » ; que des déclarations
semblables furent faites par M. le ministre des cultes à la
séance du Sénat du 28 déc. 1906 ; qu'enfin, la circulaire
ministérielle du 3 fév. 1907 interprète la loi dans le même
sens ; qu'elle porte, en effet : « Jusqu'à désaffectation
régulière, les édifices doivent rester affectés, non pas à un
culte quelconque, mais au culte auquel ils étaient consacrés avant la séparation » ; — Or, attendu, en l'espèce, que
la qualité de catholiques romains que revendiquent Dumas
et consorts ne leur est pas contestée ; qu'au contraire,
Fatôme se dit lui-même ancien catholique relevant de
l'Église d'Utrecht, et ne reconnaissant pas certains dogmes
auxquels s'est soumise l'Église de Rome, tels que l'Imma-
culée-Conception et l'infaillibilité pontificale ; qu'on cher-
che vainement à équivoquer sur le mot « catholique » ;

qu'être vieux catholique, ce n'est pas être catholique
romain ; que le tribunal n'a pas à rechercher si la confession ou secte à laquelle est affilié Fatôme est plus orthodoxe que la secte ou confession romaine, plus respec-
tueuse de la doctrine du Christ et des enseignements de
l'Église chrétienne primitive ; qu'il n'a pas non plus à se
préoccuper des questions de hiérarchie et d'organisation
intérieure de chacune des deux Églises ; qu'il lui suffit de
constater qu'il est en présence de deux religions distinctes,
proclamant des dogmes différents, et que celle-là doit, en
fait, être préférée, à qui les édifices du culte réclamés
étaient autrefois affectés ; qu'il n'est pas contesté que
l'église de Saint-Cyr-Laroche et la chapelle de Notre-Dame
étaient, avant la loi du 2 janv. 1907, consacrées au culte
catholique romain ; que seuls, les demandeurs sont donc
des fidèles au sens de l'article 5, § 2, aptes à réclamer la
jouissance de ces édifices : que, le culte qui y est actuellement célébré étant un culte différent, la jouissance qui a
été concédée à l'association cultuelle doit prendre fin,
dans les termes de l'article 13-4°de la loi du 9 déc. 1905,
auquel se réfèrent le paragraphe 3 de l'article 5 de la loi
de 1907 et l'acte administratif du 1er juin 1907 ; que cet
acte énonce lui-même, en effet, dans sa partie finale, que
le contrat sera résolu de plein droit si l'association cesse
de maintenir à l'église et aux objets la garnissant leur affectation légale ; que l'affectation légale de l'église, c'est de rester à la disposition des fidèles qui y célébraient antérieurement leur culte, c'est-à-dire à la disposition des catholiques
romains ; que le tribunal n'a donc qu'à constater la résolution encourue et à ordonner que l'église et la chapelle seront
remises aux demandeurs ; qu'il n'a d'ailleurs, en aucune

façon, à prononcer la nullité de l'association cultuelle présidée par Féral ; — Attendu que l'exécution provisoire, est, réclamée mais qu'on ne peut dire qu'il y a titre dans les termes de l'article 135. C. pr. civ. ; que les demandeurs ont renoncé par avance à se prévaloir de l'urgence en se soumettant ainsi aux lenteurs inévitables de la procédure ordinaire, avant de recourir à la voie de référé qui leur était cependant ouverte et dont ils ne se sont vus privés, lorsqu'ils y ont songé, qu'à raison de la litispendance ; — Attendu que les défendeurs qui succombent doivent être condamnés aux dépens ; que s'agissant de la résolution d'un contrat unique, il convient de dire que cette condamnation sera solidaire vis-à-vis des demandeurs, sauf à se répartir entre les défendeurs, dans leurs rapports entre eux ;

Par ces motifs, constate la résolution du contrat de jouissance passé le 1er janv. 1907 entre la commune de Saint-Cyr-Laroche et l'association cultuelle constituée en cette commune, condamne, en conséquence, Chonzenoux, ès qualité, à laisser à la disposition des demandeurs, fidèles catholiques romains, l'église de Saint-Cyr-Laroche et la chapelle de Notre-Dame-Saint-Cyr, avec leurs accessoires et les objets les garnissant, pour le libre exercice de leur culte ; dit qu'il devra remettre toutes les clefs des portes et des meubles à Dumas, Pascarel et Dumont, choisis par le tribunal parmi les demandeurs, dans la huitaine du présent jugement, faute de quoi ceux-ci pourront se mettre en possession par toutes voies légales, et avec, au besoin, le concours de la force armée, etc. [1]

1. Cf. dans le même sens jugement du tribunal de Vesoul, 2 juin 1908, abbé Vallot et Clerget, maire de Contréglise,

Plus célèbre que les associations cultuelles de Saint-Cyr-Laroche ou de Contréglise est celle de Sains-les-Fressin. Au lendemain de la promulgation de la loi de 1905, il se constitua dans les deux communes de Torcy et de Sains-les-Fressin un groupement catholique (!) d'extrême avant-garde auquel l'administration publique témoigna une très active sympathie et qui acquit bien vite une notoriété particulière. Comme le desservant de l'association cultuelle de Sains-les-Fressin n'était autre que le curé de la paroisse, en fonction depuis 1889, cette association n'éprouva aucune difficulté à garder la jouissance de l'église ; lorsque l'abbé Caloin, nommé le 27 mars 1909 en remplacement de l'ancien curé *interdit* et *destitué* (23 et 30 oct. 1906) se présenta pour exercer ses fonctions, il lui fut impossible d'obtenir la jouissance de l'église et il dut célébrer dans une grange les offices religieux. Les maires des deux communes, mis

Dall. pér. 1910.2.3². « Attendu que l'association cultuelle constituée à Contréglise n'a pas été reconnue par l'autorité ecclésiastique régulière représentée en l'espèce, au point de vue catholique, par l'archevêque de Besançon; que, de plus, le sieur Tavel choisi par cette association pour la célébration du culte dont elle se réclamait, a été l'objet d'une interdiction émanée de la même autorité ecclésiastique... »

en cause par l'abbé Caloin, se gardèrent de lui
donner satisfaction, puisque l'un était président et
l'autre secrétaire de l'association cultuelle : aussi
le desservant s'adressa-t il au préfet d'Arras qui
pour toute réponse.... proposa au ministre des cultes de prononcer par décret l'attribution au profit de l'association cultuelle de Sains les-Fressin
des biens de l'ancienne fabrique. Le 5 juin 1909,
*c'est-à-dire à une époque où l'incapacité légale
de l'association postulante ne pouvait faire doute
pour personne,* le décret sollicité intervint en effet.
Comme la jouissance de l'église au profit de l'abbé
Jouy était ici une conséquence de l'attribution des
biens de l'ancienne association cultuelle, et que
l'on se trouvait en présence d'un acte administratif, il ne pouvait être question de saisir les tribunaux judiciaires ; deux paroissiens, « fidèles catholiques » et l'abbé Caloin se pourvurent donc
au Conseil d'État, en annulation pour excès de
pouvoir du décret du 5 juin 1909. Au mois d'août
1911, le conseil d'État a rendu l'arrêt suivant :

Le Conseil d'État, statuant au contentieux, sur le rapport de la section du contentieux ;

Vu la requête sommaire et le mémoire ampliatif présentés : 1° pour les sieurs Rongegré (Charle-Joseph) et
Loisel (Quintin) contribuables et électeurs le premier à

Sains-les-Fressin, le second à Torcy (Pas-de-Calais), agissant en tant que fidèles du culte catholique dans la paroisse de Sains-les-Fressin ; 2° pour le sieur Caloin, agissant en qualité de curé de cette paroisse et y demeurant ; ladite requête et ledit mémoire enregistrés au Secrétariat du contentieux du Conseil d'État les 16 juil. et 10 nov. 1909 et tendant à ce qu'il plaise au Conseil annuler le décret du 5 juin 1909 portant attribution des biens de l'ancienne fabrique à l'Association cultuelle de Sains-les Fressin ; ordonner en outre que l'église, le mobilier et les objets qu'elle contient seront mis exclusivement à la disposition des fidèles du culte catholique de la paroisse, et du curé, le sieur Caloin ; condamner les défendeurs aux dépens ;

Ce faire,

Attendu que le décret attaqué a méconnu les droits que les requérants tiennent des lois des 9 décembre 1905 et 2 janvier 1907, lesquelles, en maintenant l'affectation des églises au culte catholique, en ont réservé l'usage aux fidèles et aux ministres se conformant aux règles d'organisation générale de ce culte ; qu'en effet, par deux ordonnances des 23 et 30 oct. 1906, l'évêque d'Arras a interdit, puis destitué le sieur Jouy, alors desservant de la paroisse ; que celui-ci néanmoins a suscité l'association dont s'agit, et a continué, dans l'église restée en sa possession, d'exercer son ministère au mépris des sentences épiscopales ; que le sieur Caloin, nommé par l'évêque curé de la paroisse le 27 mars 1908, a dû célébrer les offices dans une grange ; que le 13 mars 1909, il a adressé aux maires des deux communes de Sains-les-Fressin et de Torcy une demande, renouvelée par acte d'huissier, à l'effet de récla-

mer la disposition, à l'exclusion du sieur Jouy, des églises
en vertu de l'article 5 de la loi du 2 janvier 1907 ; que sa
demande étant demeurée sans réponse, il a déposé, le
9 mai 1909, à la préfecture un mémoire tendant aux
mêmes fins. et que, le 5 juin suivant, est intervenu, sur la
proposition du préfet. le décret attaqué ,

Que, si, d'après l'article 8 de la loi du 9 déc. 1905, il semble que ce soit les associations seulement, et non les individus, qui aient qualité pour contester les attributions faites
à d'autres associations, l'article 15 du décret du 16 mars 1906
ouvre à tout intéressé la voie du recours pour excès de pouvoir ; attendu d'ailleurs, que la loi du 2 janv 1907 a eu précisément en vue, à défaut des associations cultuelles, les individus. fidèles et ministres du culte ; que si l'article 5 dé
cette loi ne leur confère. en dehors de l'usage des églises,
aucun droit sur les biens des anciens établissements publics
du culte, les ministres de ce culte n'en ont pas moins intérêt *à ce que lesdits biens ne constituent pas en quelque
sorte une prime au schisme* ; que leur refuser le droit de contester l'attribution faite à une association serait leur retirer
le bénéfice de l'art. 5 précité, c'est-à-dire de la vocation à
l'usage des églises, puisque les associations, par le fait même
qu'elles seraient attributaires des biens des anciennes fabriques, auraient, d'après l'article 13 de la loi de 1905, la jouissance des édifices religieux ; attendu enfin que, le 30 juin 1909,
M. Briand, répondant à M. le sénateur Ancel au sujet du
décret attaqué, reconnaissait le droit pour les intéressés de
former un recours en annulation ;

Au fond :

Attendu que, d'après l'article 4 de la loi de 1905, les associations cultuelles ne peuvent être aptes à recevoir l'attribution des biens des anciens établissements que si elles se sont conformées aux règles d'organisation générale du culte ; que cette formule, pour le culte catholique, signifie qu'elles doivent êtres agréées par l'évêque, que le prêtre dont elles s'assurent le concours doit être nommé par lui ; qu'en effet, dans la constitution de l'Église catholique, les curés, les évêques et le pape forment une hiérachie, à l'autorité de laquelle nul ne peut se soustraire, à moins d'abandonner cette Église ;

Que cette interprétation de l'article 4 a été confirmée au Sénat et à la Chambre par les déclarations des rapporteurs de la loi, ainsi que du Ministre, et qu'il résulte de ces dérations que le législateur en adoptant l'article 8, lequel confère au Conseil d'État. juge des attributions contestées, le pouvoir de statuer *en tenant compte de toutes les circonstances de fait.* n'a point entendu restreindre le sens et la portée de la disposition ci-dessus rappelée de l'article 4 ;

Que de cette condition qui exige, pour qu'une association soit constituée en conformité des règles du culte. qu'elle ait obtenu l'approbation de l'évêque, il ressort qu'aujourd'hui nulle association ne peut se dire légalement formée, puisque le pape et les évêques ont condamné les associations cultuelles ; que, par suite, l'association dont s'agit, comme aussi bien toute autre, n'existe et n'a pu être investie des biens cultuels qu'en violation de la loi du 9 déc. 1905 ; qu'au surplus. son prêtre, non seulement a méconnu l'autorité épiscopale, mais, dans une autre lettre publique adressée à la

Société de propagande démocratique de l'arrondissement de
Montreuil à laquelle il s'est affilié, a déclaré qu'elle aurait
en lui un combattant de plus, dans la lutte soutenue contre
Rome ;

Vu le décret attaqué ;

Vu les observations présentées au nom de l'association cultuelle de Sains-les-Fressin et de Torcy en réponse à la communication qui lui a été donnée de la requête, lesdites observations enregistrées comme ci-dessus le 11 janv. 1910 et dans
lesquelles les maires de ces deux communes, agissant, le
maire de Torcy en qualité de président et le maire de Sains-
les-Fressin en qualité de secrétaire de l'association soutien-
nent que la contestation a pour cause une animosité locale
à l'égard du sieur Jouy, dont ils attestent l'honorabilité et
qui dessert leur paroisse depuis 1889 , que leur association
fonctionne avec le rite catholique ; que la Société de propagande démocratique, qui est d'ailleurs légalement constituée,
ne saurait être mêlée à cette affaire ;

Vu les observations présentées par le ministre des cultes
en réponse à la communication qui lui a été donnée du pourvoi ; lesdites observations enregistrées comme ci-dessus le
10 juin 1910 et par lesquelles le ministre expose que l'association dont s'agit, déclarée le 8 décembre 1906, a demandé,
par application de l'article 8 de la loi de 1905, l'attribution
des biens de l'ancienne fabrique, laquelle n'avait point usé
de son droit de dévolution ; que ladite association qui s'était
assuré le concours du desservant, en exercice, dans la paroisse, depuis dix-huit ans, présentait tous les caractères
d'une association fondée à réclamer les biens affectés au
culte catholique ; que les requérants, à la vérité, prétendent
établir qu'elle ne se conformait point aux règles d'organisa-

tion générale de l'Église catholique romaine, mais que le ministre, ainsi d'ailleurs qu'il le déclarait au Sénat le 30 juin 1909, n'a ni les éléments nécessaires ni qualité pour se prononcer sur cette question, qu'il appartient au Conseil d'État de résoudre ;

Qu'en ce qui touche le point de savoir si les requérants sont recevables à contester, par application de l'article 8 de la loi de 1905, l'attribution, alors qu'ils ne sont pas constitués en association, le ministre incline dans le sens de l'affirmative ; qu'en effet, aux termes de l'article 13 de ladite loi, la disposition des églises et de leurs mobiliers étant réservée aux associations attributaires des biens des anciennes fabriques, les fidèles et les ministres du culte catholique ont intérêt à ce point de vue, à demander l'annulation du décret d'attribution ;

Qu'au surplus, l'abbé Caloin qui, en se qualifiant curé de Sains-les-Fressin et de Torcy, prend un titre dépourvu de signification légale, ne saurait, même au cas où le pourvoi serait admis, revendiquer un droit privatif sur les églises de la paroisse et sur leur mobilier ;

Que sur le fond, le ministre s'en rapporte à l'appréciation du Conseil d'État ;

Vu les deux requêtes sommaires et les deux mémoires ampliatifs présentés pour le sieur Caloin (Victor) agissant en qualité de curé de la paroisse de Sains-les-Fressin et Torcy et y demeurant ; lesdites requêtes et lesdits mémoires enregistrés comme ci-dessus les 1er sept. 1909 et 1er mars 1910 et tendant à ce qu'il plaise au conseil d'annuler avec toutes conséquences de droit les décisions de rejet résultant du silence gardé plus de quatre mois par les maires de Sains-les-Fressin et de Torcy au sujet de la réclamation du sieur Caloin en date du 5 avril 1909 ;

Ce faire :

Attendu que cette réclamation, signifiée à l'un et à l'autre maire par acte d'huissier, tendait à obtenir pour le requérant, à titre de ministre du culte catholique la disposition, à l'exclusion du sieur Jouy, de l'église et des objets s'y trouvant ; que le refus implicite des maires constitue une violation de la loi du 9 déc. 1905 et l'article 5 de la loi du 2 janvier 1907 pour les motifs exposés au sujet de la précédente requête ;

Que des tribunaux civils ont décidé dans ce sens ; que la cour d'Agen, notamment, par un arrêt du 19 juil. 1909, pour dénier à un desservant la jouissance des églises d'une commune, s'est fondée sur ce que ce prêtre, interdit par l'évêque et qui prenait la qualité de desservant d'une association cultuelle, alors que les associations de cette nature ont été condamnées par le pape, ne faisait plus partie de l'Église catholique ; que tel est le cas du sieur Jouy, que sans doute l'article 13 de la loi de 1905 attribue de droit les églises aux associations nanties des biens des anciennes fabriques, mais que l'association du sieur Jouy n'avait pas encore reçu l'attribution des biens lorsque, le 5 avril 1909, le sieur Caloin adressait aux maires sa réclamation ; que les maires étaient en présence, d'une part, d'une association schismatique et d'un prêtre en état de révolte contre l'autorité de l'évêque et du pape, de l'autre, du curé régulièrement institué ;

Attendu, que, si le décret d'attribution est annulé, l'article 13 cesse d'être applicable, et que, pour ce motif, le requérant demande la jonction des deux pourvois à celui qu'il a formé avec les sieurs Rongegré et Loisel Quintin, sous le numéro 38.012, ces trois requêtes tendant en réalité aux mêmes fins : la disposition des églises de la paroisse ;

Vu les actes d'huissier du 5 avril 1909 signifiant aux maires des deux communes la réclamation du sieur Caloin ;

Vu les observations présentées pour le ministre des cultes en réponse à la communication qui lui a été donnée des pourvois numéros 38.550, 38.551, les dites observations enregistrées comme ci-dessus le 26 juil. 1910 et dans lesquelles le ministre se réfère à l'avis qu'il a formulé le 9 juin 1910 au sujet du pourvoi numéro 38.012 ;

Vu les observations nouvelles présentées pour le sieur Caloin ; les dites observations enregistrées comme ci-dessus le 5 juillet 1911 et dans lesquelles celui-ci fait connaître que, si le décret du 5 juin 1909 est annulé, cette annulation devant avoir pour conséquence de remettre les églises à la disposition des fidèles du culte catholique en conformité de l'article 5 de la loi du 2 janv. 1907, il aura ainsi satisfaction ; qu'il demande par suite que, dans ce cas, le conseil décide n'y avoir lieu de statuer sur les requêtes dirigées contre les maires de Sains-les-Fressin et de Torcy ;

Vu les autres pièces produites et jointes au dossier

Vu la loi du 9 déc. 1905 et le décret du 16 mars 1906 portant règlement d'administration publique pour l'exécution de ladite loi ;

Vu la loi du 2 janv. 1907, article 5 ;

Vu les lois du 24 mai 1872 et 13 juillet 1900 ;

Ouï M. Varagnac, Conseiller d'État, en son rapport ;

Ouï Mᵉ Bailby, avocat des sieurs Rongegré et autres, en ses observations ;

Ouï M. Chardenet, maître des requêtes, commissaire du gouvernement, en ses conclusions ;

Considérant que les requêtes susvisées sont connexes ; qu'ainsi il y a lieu de les joindre pour y être statué par une seule décision ;

Considérant que la loi du 9 déc. 1905 dispose en son article 4 que, dans le délai d'un an à partir de la promulgation de ladite loi, les biens mobiliers et immobiliers des établissements publics du culte seront transférés par les représentants légaux de ces établissements aux associations qui, en se conformant aux règles d'organisation générale du culte dont elles se proposent d'assurer l'excercice, se seront légalement formées en vue de cet objet, qu'aux termes de l'article 8 de la même loi, faute par un établissement ecclésiastique d'avoir, dans un délai fixé par l'article 4, procédé aux attributions de ses biens, il y sera pourvu par un décret ; que, d'après l'article 13, les édifices servant à l'exercice du culte, ainsi que les objets mobiliers les garnissant, seront laissés gratuitement à la disposition des associations auxquelles les biens des anciens établissements auront été transférés ;

Considérant, d'autre part, que l'article 5 de la loi du 2 janv. 1907 dispose qu'à défaut d'associations cultuelles, les édifices affectés au culte, ainsi que les meubles les garnissant continueront à être laissés à la disposition des ministres du culte pour la pratique de leur religion ;

En ce qui concerne le décret du 5 juin 1909 ;

Sur la recevabilité du pourvoi ;

Considérant que tous les fidèles d'un culte ont intérêt à ce que l'attribution des anciens biens ecclésiastiques soit faite en conformité de la loi du 9 déc. 1905 ; que, spécialement, ils ont intérêt à faire reconnaître l'illégalité de la constitution d'une association cultuelle mise en possession des édifices affectés au culte, cette reconnaissance devant leur assurer le bénéfice de l'article 5 de la loi du 2 janv. 1907 ;

Que les requérants agissant comme fidèles du culte catholique ont donc qualité pour discuter la légalité du décret du 5 juin 1909 faisant attribution des biens de l'ancienne fabrique de l'église Sains-les-Fressin à l'association qui s'est constituée pour la célébration du culte dans cette ancienne paroisse et qu'ils prétendent n'être pas en mesure de remplir son objet ; qu'ainsi le pourvoi qui tend non à une modification de l'attribution faite par l'arrêté attaqué, mais à l'annulation dudit décret comme entaché d'excès de pouvoir, est recevable par application de l'article 15 du décret du 16 mars 1906 ;

Au fond :

Considérant qu'à la date où est intervenu le décret attaqué, l'association qui s'était constituée à Sains-les-Fressin avait fait appel pour la célébration du culte *à un prêtre qui ne reconnaissait pas la hiérarchie ecclésiastique et s'était maintenu en possession de l'église paroissiale malgré une décision de l'évêque désignant un autre prêtre pour desservir la paroisse ;* que, dans ces conditions, les requérants sont fondés à soutenir qu'elle ne s'était pas conformée aux règles d'organisation générale du culte catholique, suivant la prescription de l'article 4 de la loi du 9 déc. 1905, et qu'ainsi le décret lui attribuant les biens de l'ancienne fabrique et par voie de conséquence, en vertu de l'article 13 ci-dessus rappelé, la disposition exclusive des édifices servant au culte, est entaché d'illégalité ;

En ce qui concerne le refus des maires des communes de Sains-les-Fressin et de Torcy de mettre à la disposition du sieur Caloin les églises situées sur le territoire de ces communes :

Considérant que, dans ses dernières observations enregistrées à la date du 5 juil. 1911, le sieur Caloin reconnaît que l'annulation du décret du 5 juin 1909 aura pour effet de mettre les églises de Sains-les-Fressin et de Torcy à la disposition des fidèles du culte catholique en conformité de l'article 5 de la loi du 2 janv. 1907, et demande que, dans ces conditions, les conclusions prises par lui contre les décisions des maires des deux communes, portant refus de faire droit sur ce point à sa réclamation soient déclarées sans objet; que rien ne s'oppose à ce qu'il soit décidé dans ce sens ;

Sur les conclusions tendant à ce que les requérants soient mis en possession des églises de Sains-les-Fressin et de Torcy ;

Considérant qu'il appartiendra au ministre de l'intérieur et des cultes de procéder aux mesures d'exécution, qui doivent être la conséquence de l'annulation du décret du 5 juin 1909

Décide :

ARTICLE PREMIER

Le décret susvisé du 5 juin 1909 est annulé.

ART. 2

Les sieurs Rongegré (Charles-Joseph et Loisel Quintin et le sieur Caloin sont renvoyés devant le ministre de l'intérieur et des cultes pour voir ordonner les mesures que comporte l'exécution de la présente décision.

ART. 3

Il n'y a lieu de statuer sur les requêtes tendant à l'annulation des décisions résultant du silence gardé plus de quatre mois par les maires de Sains-les-Fressin et Torcy sur la réclamation du sieur Caloin en date du 5 avril 1909.

ART. 4

Les frais de timbre exposés par les requérants en ce qui concerne la requête 38.012 seront supportés par l'association dite : association cultuelle de Sains-les-Fressin et de Torcy.

ART. 5

Expédition — La présente décision sera transmise au Ministre de l'Intérieur et des cultes.

De ces curieuses affaires, il y aurait lieu de rapprocher l'affaire, non moins célèbre et très connue des Lyonnais, des démêlés de l'archevêque de Lyon avec M. l'abbé Soulié, curé de la paroisse de Saint-Georges de Lyon. Il serait trop long de narrer ici cette curieuse histoire, qui nous montrerait comment, sous le régime du Concordat de 1801, l'autorité épiscopale n'avait pu réussir à éliminer du service ecclésiastique un prêtre contre lequel l'autorité religieuse croyait avoir de très sérieux

griefs. Le 4 novembre 1904, la suspense *ab ordine*
et *ab officio* est prononcée contre M. l'abbé Soulié, et pourtant le curé reste à la tête de sa paroisse. Le 6 octobre 1906, il obtient d'être relevé
des censures portées contre lui et, à ce moment
même, il fonde dans sa paroisse une association
cultuelle catholique, qui reçoit du conseil de fabrique, le 28 octobre 1906, la dévolution des biens
de la fabrique et de la mense curiale. Automatiquement, aux termes de l'art. 13 de la loi du 9 décembre 1905, cette dévolution emporte, au profit
de l'association, droit à la jouissance gratuite de
l'édifice cultuel et des meubles le garnissant. Le
19 février 1907, l'archevêque de Lyon condamne
définitivement l'association cultuelle de la paroisse
Saint-Georges et prononce en même temps la déchéance de M. François Soulié, dont le bénéfice cu-
rial, déclaré vacant, est attribué à M. l'abbé
Guitton.

Il est curieux de constater qu'à ce moment les
« fidèles » lyonnais se gardent de former, devant
le Conseil d'Etat, un recours en annulation de
l'acte d'attribution, conformément à l'art. 8 de la
loi du 9 décembre 1905 et à l'art. 15 du décret du
16 mars 1906. L'archevêque de Lyon garde ici le
silence, et ce n'est pas un mince avantage pour

une association que d'avoir obtenu la dévolution
des biens de l'ancienne fabrique et d'avoir pu s'assurer le concours d'un prêtre que l'autorité religieuse
avait rétabli dans ses fonctions au moment même
où il procédait à la fondation de l'association.

Néanmoins, la dite association cultuelle et l'orthodoxie religieuse ne perdront rien pour attendre
et, à défaut de l'action en nullité de l'attribution,
prescrite par le délai d'un an, on peut toujours
intenter l'action en résolution dirigée contre une
association qui n'est plus en mesure de remplir
son objet. Par le fait même de la condamnation *a
divinis* prononcée contre le curé de l'association
cultuelle de Saint-Georges, il advient que cette association n'est plus en état de remplir sa fonction ;
aussi le Conseil d'Etat, par arrêt fortement motivé
du 14 février 1913, prononce que « l'attribution des
biens de l'ancienne fabrique de la paroisse Saint-
Georges, à Lyon, faite à l'association dénommée
« Association paroissiale catholique de la paroisse
Saint-Georges », est déclarée résolue à la date de la
présente décision », et, art. 3 : « Les sieurs Guitton
et consorts sont renvoyés devant le Ministre de
l'Intérieur pour voir ordonner, en ce qui les concerne, les mesures que comportera l'exécution de
la présente décision ».

Il va sans dire que la décision fut promptement exécutée avec le concours de l'autorité administrative, et ainsi un acte de l'autorité épiscopale suffisait en définitive à déclancher l'exercice de l'autorité publique contre une association cultuelle que cette autorité même avait, au début, entourée de ses sympathies. Mémorable aventure digne de fixer notre attention et en quelques mois était dénoué, sous le régime de la loi de 1905, un conflit qui avait paru insoluble sous le régime du Concordat de 1801 !

Ainsi l'unanimité est complète : devant le tribunal de Vesoul ou de Brive, comme devant la Cour d'Agen ou devant le Conseil d'État, la même doctrine prévaut sans conteste et on ne sait, dans ces quatre décisions, laquelle des deux orthodoxies doit être le plus admirée. la religieuse ou la juridique : les deux se confondent en une harmonieuse union que n'avaient pas prévue les auteurs de la loi de 1905. Mais d'autre part, quelle n'est pas la bizarrerie sociale et juridique du régime reconnu au profit des catholiques de France. Les très rares associations cultuelles qui se sont constituées, conformément aux article 18 et suivants de la loi de 1905, se sont, par le fait de leur constitution

même, mises en contradiction avec l'article 4 de
cette loi et ce sont, au contraire, les fidèles qui
ont refusé de faire usage des facultés légales que
leur accordent les lois de 1905 et de 1907 qui sont
seuls capables d'invoquer certaines des prérogatives que leur reconnaissent ces textes. Parce qu'ils
n'ont pas répondu à l'invitation du législateur, ils
obtiennent gain de cause devant les tribunaux,
et leur docilité eût été au contraire le gage le plus
certain de leur perte ! L'imbroglio est à son com-
ble [1] et, à notre connaissance, aucune autre situation juridique, prévue par notre législation, ne
peut lui être comparée.

1. Le mot ne paraîtra pas exagéré à ceux qui connaissent
la bizarrerie des formules juridiques auxquelles les magistrats sont inévitablement conduits. Une des plus amusantes
nous est fournie par le tribunal de Nérac, jugeant une autre
affaire concernant le même abbé Cavaillé : « Attendu que
l'abbé Cavaillé est curé de Puymasson, qu'il paraît être le
seul prêtre en France qui ait constitué parmi les catholiques de sa paroisse une association cultuelle et qui se soit
conformé ainsi à la loi du 9 déc. 1905 ; que, dans ces conditions, il serait difficile de ne pas lui reconnaître la qualité
de ministre du culte catholique ». — Il se peut que la chose
soit difficile, mais il est certain qu'elle est inévitable et, à
moins que les magistrats de Nérac n'aient voulu se montrer
ironiques, il devient impossible de faire confiance à leur
science juridique.

Exclusivité du droit du curé et des fidèles. — Le droit du curé et des fidèles sur l'église est donc reconnu et soutenu avec fermeté et sans condition. Ce premier débat tranché, une deuxième question fut posée devant les tribunaux, qui mérite un examen attentif.

Ce droit du curé et des fidèles est-il exclusif? Par ce fait seul qu'il existe, doit-on penser qu'il élimine tout autre usage simultané et concurrent, à supposer que cet usage ne puisse, ni en lui-même, ni par le choix des heures pendant lesquelles il dure, ni par aucune circonstance concomitante, être considéré comme un trouble apporté à la paisible jouissance des catholiques, comme une offense à l'égard de leurs croyances ou de leurs cérémonies religieuses. Sans doute, en l'état actuel des esprits en France, il n'est pas très facile de supposer qu'un édifice cultuel puisse servir en même temps à un usage non cultuel, à une réunion de dissidents ou de libres penseurs, sans que cet usage ou cette réunion ne dégénèrent rapidement en un acte offensant pour la piété des fidèles. Cependant *unusquisque præsumitur bonus*, la bonne foi se présume, et il ne faut pas oublier que le nombre est grand des églises dans lesquelles les cérémonies religieuses ne sont plus célébrées qu'à de rares intervalles, parce que les habitants de la commune, ceux que le curé appelle encore ses paroisiens, se désintéressent de ces cérémonies qu'ils ne comprennent plus. Leur intelligence et leur cœur sont devenus étrangers aux préoccupations religieuses en général, au dogme et à l'enseignement catholiques en particulier, et *à raison de cette situation de fait*, on pouvait se demander si le législateur n'avait pas justement voulu, en ne reconnaissant aux fidèles, qui auraient dédaigné de contracter avec l'autorité municipale, qu'un titre précaire, laisser le champ libre aux autres usages simultanés et concurrents. La commune aurait eu l'*obligation* de laisser l'église à la disposition des fidèles, mais elle aurait eu *la faculté* de concéder à d'autres personnes un droit de jouissance, sous l'expresse réserve de n'apporter aucun trouble à la paisible jouissance des catholiques. Aux jours et heures non réservés, l'édifice cultuel abriterait la réunion d'une autre secte religieuse ou d'un groupement laïc.

La question pouvait sembler d'autant plus embarrassante qu'au cours des travaux préparatoires des lois de 1905 et de 1907, aucune mention ne fut faite d'un droit à l'exclusivité ; à la Chambre des Députés comme au Sénat, on garda sur ce point un silence prudent et cette omission semble trop conforme aux dispositions psychologiques des protagonistes de la réforme pour qu'on soit autorisé à la juger involontaire ; même on doit croire que l'affirmation contraire eût amené quelques protestations. Aussi, à la faveur de cette incertitude, quelques maires émirent-ils la prétention de disposer de l'église au profit de certains usages nettemnet laïcs, tout en continuant à la laisser gratuitement à la disposition des fidèles. Quelques tribunaux de première instance, entraînés sans doute par l'ardeur de leurs sentiments laïcs, semblèrent d'abord accueillir cette prétention [1], mais l'issue finale ne pouvait être douteuse et l'arrêt fortement motivé de Bourges (16 juin 1909) vint mettre un terme aux dernières hésitations.

Le 23 juillet 1908, le tribunal civil de Château-Chinon, dans une affaire dont les détails seront suffisamment connus par la seule lecture des documents judiciaires, avait rendu le jugement suivant :

Le Tribunal ; Attendu que, par exploit du 22 juin 1908,

1. Cf. notamment tribunal civil de Nérac, 9 nov. 1907 ; *Dall. pér.*, 1910.2.30-

Bourdier, curé de Gouloux, a donné assignation à Marchand, maire de cette commune, en paiement d'une somme de 2.000 francs à titre de dommages-intérêts en exposant que, le 6 mai précédent, le défendeur avait fait ouvrir par un serrurier la porte de l'église de Gouloux, fait entrer, dans cette église, le convoi funèbre d'une dame Soulier, et « présidé à un simulacre ou travestissement de cérémonie religieuse » et en prétendant que Marchand avait ainsi « commis un abus de pouvoir, troublé la jouissance de l'église, qui n'a pas cessé d'être affectée exclusivement au culte catholique », et causé par suite à l'abbé Bourdier, curé de Gouloux, un préjudice dont il lui devait réparation ; — Attendu que Bourdier demande en outre la restitution de la clef fabriquée par le serrurier sur l'ordre de Marchand et conservée par ce dernier ; — Attendu qu'en réponse à cette double demande, Marchand invoque une exception préjudicielle, en soutenant que « le demandeur n'a pas qualité pour exercer une action en justice, relativement à la jouissance de l'église » ; que, sans entrer dans l'examen du fond de l'affaire, il échet d'apprécier la valeur juridique de cette exception ; — Attendu que l'art. 5 de la loi du 2 janv. 1907 a laissé, à défaut d'associations cultuelles, « les édifices affectés à l'exercice du culte... à la disposition des fidèles et des ministres du culte », sans distinction, ni droit de préférence ; que cette disposition n'est, suivant les termes employés par M. Briand, ministre des cultes, dans la discussion de cette loi devant la Chambre des députés (séance du 21 déc. 1906), qu' « une sorte de jouissance précaire de l'église », que les fidèles et les prêtres occupent « sans titre juridique »(Exposé des motifs de la loi à la Chambre) ; — Attendu qu'en dehors du cas de trouble apporté à l'exercice du culte catholique Bourdier, n'avait donc aucune qualité juridique pour former sa demande contre Marchand ; — Attendu que, le 6 mai 1908, Bourdier ne procédait à aucune cérémonie cultuelle, qu'il était même absent ce jour-là, ainsi qu'il le reconnait ; qu'en conséquence et à défaut du droit de jouissance exclusive dont il se prévaut à tort, sa demande est irrecevable ; — Attendu que, aucun préjudice n'étant justifié, il n'y a pas lieu de faire droit à la demande reconventionnelle en dommages-intérêts formée par Marchand contre Bourdier ; — Par ces motifs : — Rejette comme irrecevable la demande principale de Bourdier, et comme non fondée la demande reconventionnelle de Marchand ; condamne Bourdier aux dépens.

Appel principal par l'abbé Bourdier. Appel incident par le sieur Marchand.

ARRÈT.

La Cour; — Considérant que, par exploit du 23 juin 1908, l'abbé Bourdier, à cette époque curé de Gouloux, a donné assignation à Marchand, maire de la même commune, en paiement de 2.000 fr. de dommages-intérêts ; — Qu'il exposait que Marchand avait fait ouvrir par un serrurier, le 6 mai 1908, vers 9 heures du matin, la porte de l'église fermée à clef ; qu'à 2 heures, Marchand avait fait entrer dans l'église, de son autorité privée, le convoi funèbre de Léontine Gadot, femme Soulier, et présidé à un simulacre ou travestissement de cérémonie religieuse ; — Qu'en outre, Bourdier demandait la restitution de la clef fabriquée par le serrurier sur l'ordre de Marchand et conservée par ce dernier; — Considérant que Marchand oppose à cette action une double exception tirée du défaut de qualité de Bourdier

et du caractère administratif de l'acte incriminé ; — Considérant qu'à défaut de constitution d'associations cultuelles,
en exécution de la loi du 9 déc. 1905, les églises, qui jusque-là, étaient administrées par les fabriques, sont rentrées
dans la possession légale de l'État et des communes ; — Que,
cependant, ces édifices ont conservé leur affectation antérieure, ainsi que le déclarait une circulaire ministérielle du
2 déc. 1906; — Que cette situation a été conservée expressément par l'art. 5 de la loi du 2 janv. 1907, aux termes duquel
les églises continuent à être laissées à la disposition des fidèles et des ministres du culte pour la pratique de leur religion;
— Qu'on a voulu en inférer que, dorénavant, les curés ne seraient plus que de simples occupants sans titre juridique,
n'ayant qu'une possession de fait absolument précaire ; —
Que cela n'est pas douteux, si l'on entend soutenir que ces
desservants n'auront ni un certain droit d'usufruit, comme
celui dont jouissaient auparavant les fabriques, ni même un
droit d'usage ou d'habitation dans les termes des art. 625 et
suiv. C. civ. ; — Qu'assurément, ils ne pourront faire, relativement aux églises, aucun acte de disposition, ni même
d'administration ; — Mais, considérant que, l'affectation spéciale des édifices du culte étant reconnue, et ces édifices
étant à la disposition des ministres du culte, aux termes de
la loi, il n'est pas exact de prétendre que ces ministres soient
sans titre juridique; que leur titre est dans la loi du
2 janv. 1907, qui n'a pu reconnaître leur possession qu'en
leur donnant une action pour la faire respecter au besoin ;
— Que leur possession entraine d'ailleurs une certaine responsabilité ; qu'aussi bien, la circulaire précitée du
2 déc. 1906 observait déjà que les desservants étaient tenus
de ne pas préjudicier à l'église et aux objets la garnissant;

que ces obligations ne se conçoivent qu'avec un droit de surveillance, et que ce droit serait illusoire s'il n'était assorti
d'une action judiciaire ; — Qu'on ne saurait prétendre qu'il
suffit, pour satisfaire au vœu de la loi, de garantir le clergé
et les fidèles contre les troubles et entraves apportés à l'exercice du culte ; — Qu'en effet, le législateur y a pourvu par
les dispositions inscrites dans les art. 22 et 33 de la loi du
9 déc. 1905, mais que, si la loi du 2 janv. 1907 (art. 3) a
été jugée utile, c'est bien afin de répondre à d'autres néces-
sités et pour assurer au clergé ainsi qu'aux fidèles, malgré
l'absence d'associations cultuelles, l'accès des églises dans
les conditions où il s'effectuait jusqu'alors ; — Considérant
que l'abbé Bourdier avait donc qualité pour introduire une
instance contre Marchand, à supposer que l'acte reproché à
ce dernier ait été contraire à l'affectation cultuelle de l'église,
et qu'il lui ait été causé préjudice ; — Considérant, d'autre
part, que le fait incriminé ne constitue pas un acte administratif du maire de Gouloux ; qu'un enterrement est religieux,
au sens ordinaire du mot, s'il est célébré dans un édifice du
culte, suivant le cérémonial usité ; que, par suite, s'il est célébré dans l'église, mais sans la présence et surtout contre
le gré du desservant, il se trouve contraire à l'affectation
exclusivement cultuelle de l'église ; que, si le maire de la
commune a, d'une manière quelconque, prêté son concours
à cette cérémonie, il est sorti du cercle de ses attributions ;
— Qu'en effet, le maire n'a point à intervenir en personne,
en sa qualité officielle, dans la célébration d'un enterrement,
quel qu'en soit le caractère ; — Qu'à cet égard, Marchand ne
saurait s'abriter derrière les dispositions du décret du 23 prair.
an 12 (art. 17 et 19), de la loi du 5 avril 1884 (art. 97, 3° et
4°), de la loi du 28 déc. 1904 (art. 5), qui s'appliquent à d'au-

tres situations ; — Que l'art. 17 de la loi de prairial vise les
mesures à prendre par les autorités locales pour empêcher
tout désordre dans les lieux de sépulture, c'est-à-dire dans
les cimetières ; — Que l'art. 19 de la même loi permet à l'autorité civile de faire procéder aux inhumations dans le cas
où le ministre du culte refuserait son ministère ; — Qu'en
admettant que l'abbé Bourdier ait refusé son ministère, cette
disposition donnait au maire le droit de commettre un autre
ministre du même culte, mais ne lui permettait pas d'intervenir personnellement pour faire célébrer des obsèques dans
l'église, en l'absence du clergé ; — Que l'art. 97, 4°, de la loi
de 1884 ne vise pas le culte, mais seulement le transport des
personnes décédées, les inhumations et les exhumations ; que,
si le même article, dans son troisième alinéa, confirme au
maire le maintien du bon ordre dans « les églises et autres
lieux publics », c'est afin de lui permettre de prendre des
mesures en cas de troubles, mais non pour l'autoriser à par-
ticiper d'une manière quelconque aux cérémonies célébrées
dans ces édifices ; — Que la loi du 28 déc. 1904, art. 3, en
réglant la fourniture des objets destinés aux funérailles dans
les édifices religieux, ne donne au maire aucun pouvoir relativement aux obsèques ;

Au fond : — Considérant que les faits sont suffisamment
établis par les déclarations des parties, contrôlées à l'aide des
documents de la cause, sans qu'il soit besoin de procéder à
aucune enquête ; — Qu'il en résulte que le curé de Gouloux
indiqua, le 5 mai 1908, aux parents de la femme Soulier
qu'il serait absent dans la journée du 6 mai et ne pourrait
célébrer l'enterrement que ce jour-là à 7 heures du matin,
ou le 7 mai, à une autre heure ; qu'au surplus, la cérémonie
n'aurait pas lieu avec les honneurs habituels, la défunte ayant

refusé de contribuer au denier du culte ; — Que, dans ces circonstances, à la demande de la famille, Marchand a, le 6 mai, dans l'après-midi, fait ouvrir l'église par un serrurier ; qu'il y a fait entrer et stationner le convoi funèbre, avant la conduite au cimetière ; — Que d'ailleurs, il n'y a pas eu de travestissement scandaleux d'une cérémonie religieuse ; — Que cet acte, même ainsi ramené à ses justes proportions, s'il n'a pas la gravité qu'on aurait voulu lui donner, reste encore étranger à l'affectation cultuelle de l'édifice où il s'accomplissait ; qu'il a été, en partie, dirigé contre Bourdier comme une protestation à l'égard de la conduite de ce dernier ; — Que Marchand ne peut donc point prétendre qu'il n'a eu pour but que de procurer l'accès de l'édifice aux fidèles ; — Mais considérant que le fait d'avoir conservé une deuxième clef, fabriquée tout exprès par le serrurier, ne doit pas être retenu à l'encontre de Marchand ; — Que l'église appartient à la commune, et que le maire a la gestion des biens communaux ; qu'à ce titre, il a personnellement, ou par son préposé, un droit d'accès dans l'intérêt de son administration ; qu'il est donc légitime que le maire possède une clef de l'église ; — Que ce droit est distinct du droit d'accès au clocher, pour les sonneries civiles ; qu'il n'importe, en conséquence, que le clocher de Gouloux soit indépendant de l'église et communique directement avec l'extérieur ; — Qu'il n'y a lieu, par suite, de faire droit aux conclusions de Bourdier, touchant la remise de ladite clef ou la condamnation de ce chef, à des dommages-intérêts ; — Considérant que Marchand n'a causé à Bourdier, à raison du premier chef de la demande, aucun dommage matériel ; que, s'il lui a occasionné un préjudice moral en portant atteinte à l'autorité de ce desservant au regard des habitants de la commune, ce

préjudice est de peu d'importance et sera suffisamment réparé par la condamnation de Marchand en tous les dépens, à
titre de dommages-intérêts :

Par ces motifs , — Infirmant et statuant à nouveau, déclare l'abbé Bourdier recevable en son action ; — Évoquant,
en tant que de besoin, déclare l'abbé Bourdier bien fondé
dans son action tendant à la réparation du préjudice à lui
causé par les agissements de Marchand, résultant de l'entrée
et du stationnement d'un convoi funèbre dans l'église de
Gouloux ; — Déclare Bourdier mal fondé dans toutes conclusions plus amples, l'en déboute, etc. [1]

Depuis cet arrêt de Bourges, de très nombreuses décisions judiciaires ont consacré la même doctrine sur le droit *exclusif* du prêtre et des fidèles
et en dépit d'un jugement très habilement motivé
du tribunal du Saint-Palais et réformé d'ailleurs
par la Cour de Pau, dans une affaire intéressante,
on ne peut douter qu'elle ne persiste dans son attitude [2].

Cette solution est en effet la seule qui sauvegarde
à la fois les droits de la conscience religieuse et les
intérêts de la paix publique; elle est en même
temps parfaitement conforme à la plus loyale interprétation des textes et, pour la soutenir, on peut
au besoin s'appuyer sur les motifs mêmes que les

1. Bourges, 16 juin 1909. D. P. 1910. 2. 30.
2. *Vide infra.*

juges de Château-Chinon croyaient pouvoir employer pour la combattre. Puisqu'il est admis qu'aucun trouble ne doit être apporté à l'exercice des cultes, on doit nécessairement conclure qu'une église affectée au culte de la religion catholique, apostolique et romaine ne peut jamais servir d'abri à aucune réunion, à aucune cérémonie qui ne fassent vraiment partie intégrante des réunions et des cérémonies de cette religion. En ces matières délicates, la sensibilité des consciences est aiguisée, et c'est un fait que la théologie catholique considère, sinon comme une souillure ou un sacrilège, du moins comme une violation du respect dû aux temples de Dieu, comme une atteinte portée à la dignité du culte, tout usage même non malicieux, ni profanatoire qui serait fait de l'église ou du mobilier la garnissant, dans un dessein non spécifiquement rituel. Ce jugement porté par la théologie catholique est *un fait* que le législateur de 1905 n'a pas voulu méconnaître, puisque la République garantit et assure la liberté des cultes. Tout usage laïque ou hétérodoxe de l'église est *ipso facto* un trouble qui eût été réprimé sous le régime du Concordat et qui doit l'être également sous le régime nouveau[1].

1. Les mots « continueront » et « laissés » de l'article 5 de la loi de 1907 fournissent aussi, au point de vue juridique,

C'est surtout à l'occasion des sonneries *civiles*
des cloches que la question de l'exclusivité du droit
des fidèles et du curé s'est posée devant les tribunaux. De temps immémorial, les cloches des églises
ont servi en certaines circonstances à des usages
civils: sonnerie du couvre-feu, sonnerie en cas
d'incendie ou de calamité publique, sonneries
de la Fête Nationale, ou à l'occasion de la visite du
chef de l'Etat, ou même, parfois, dans les modes-
tes villages, à l'occasion de la visite de M. le Préfet. Les cloches sont en quelque manière le moins
cultuel des meubles d'une église, celui dont les
dissidents peuvent désirer le plus se servir, et,
depuis 1907, il parut à certains maires que l'occasion était favorable d'assurer à la commune la
jouissance partagée d'un meuble qui devenait, il
ne faut pas l'oublier, sa propriété. Le législateur
ne s'est d'ailleurs pas laissé prendre au dépourvu
et dans des textes minutieux, conformes à la pensée libérale qui inspire son régime nouveau, il a
eu soin de déterminer avec précision les droits

un argument très puissant qui n'a pas échappé à la clair-
voyance de nos tribunaux. Conf. au surplus, au point de vue
juridique, nos dissertations déjà mentionnées, publiées dans
le recueil Dalloz.

de l'autorité municipale. Néanmoins, plusieurs maires se crurent autorisés à donner l'ordre de sonner les cloches de l'église à l'occasion du décès d'une personne étrangère à la religion catholique, même faisant profession d'hostilité marquée contre cette religion. On sonnait aussi les cloches à l'occasion d'un enterrement civil. Parfois, lorsque le maire refusait de donner l'ordre désiré, des habitants de la commune pénétraient dans le clocher et tiraient eux mêmes la précieuse corde. En d'innombrables décisions d'une impeccable fermeté, la jurisprudence a condamné ces usages illicites des cloches des églises: de tous les jugements que nous avons sous les yeux, nous reproduirons seulement celui du tribunal de Montpellier, parce qu'il fournit un résumé très complet des textes en vigueur.

Jugement du 19 mars 1909 : abbé Donnadieu c. Lamouroux, maire de Prades-le-Lez.

Le Tribunal ; — Attendu que, par exploit du 20 févr. 1909, Donnadieu, curé desservant de Prade-le-Lez, a assigné Lamouroux, maire de cette commune, en paiement de dommages-intérêts, motifs pris de ce que, le 14 février dernier, Lamouroux, maire de Prades, avait fait sonner, à diverses reprises, les cloches de l'église paroissiale de Prades, à l'occasion des obsèques civiles du sieur Henri Arnaud ; — Attendu que Lamouroux répond à cette demande en prétendant que les communes sont libres d'user, à leur convenance et sans aucune restriction, des édifices à elles attribués et des dépendances de ces édifices, notamment des cloches : que la demande est donc injuste et mal fondée ; que, dans tous les cas, Donnadieu serait sans qualité pour agir, la loi de séparation lui ayant enlevé son caractère de représentant officiel d'un culte reconnu ; qu'enfin, s'agissant d'un acte qui ne peut engager la responsabilité personnelle de Lamouroux, puisqu'il a été accompli par lui dans l'exercice de ses fonctions de maire et à raison de l'accomplissement de ses devoirs d'administrateur municipal, le tribunal serait incompétent ;

Attendu qu'il importe tout d'abord de préciser la législation applicable à la sonnerie des cloches d'église et à la jouissance des édifices du culte et des meubles en dépendant ; — Attendu qu'antérieurement à la loi du 5 avril 1884 de nombreuses difficultés s'étaient élevées à propos de l'usage des cloches ; que si les uns prétendaient qu'elles avaient deux usages, l'un religieux, l'autre civil, cette théorie était contredite par d'autres, qui s'appuyaient notamment sur un avis du comité de législation du Conseil d'État du 17 juin 1840, qui s'exprimait ainsi : « Les cloches des églises sont spécialement affectées aux cérémonies de la religion catholique, d'où il suit qu'on ne peut en exiger l'emploi pour les célébrations concernant des personnes étrangères au culte catholique, ni pour l'enterrement de celles à qui les prières de l'Église auraient été refusées en vertu des règles canoniques » ; — Attendu que l'art. 100 de la loi du 5 avril 1884 vint mettre un terme à cette indécision en stipulant que les clo-

ches des églises seraient spécialement affectées aux cérémonies du culte ; que, néanmoins, elles pourraient être employées dans les cas de péril commun qui exigeraient un
prompt secours et dans les circonstances où cet emploi était
prescrit par des dispositions de lois ou règlements, ou autorisé par les usages locaux ; les sonneries religieuses comme
les sonneries civiles, ajoute cet article, seront l'objet d'un
règlement concerté entre l'évêque, le préfet et les consistoires, et arrêté, en cas de désaccord, par le ministre des cultes ;
enfin, l'art. 101 disposait qu'une clef du clocher serait dépo-
sée entre les mains des titulaires ecclésiastiques, une autre
entre les mains du maire, qui ne pouvait en faire usage que
dans les circonstances prévues par les lois ou règlements ; —
Attendu que les art. 100 et 101 susvisés ont été expressément abrogés par l'art. 27, § 2 et 3, de la loi du 9 déc. 1905,
ainsi conçus : « Les sonneries de cloches seront réglées par
arrêté municipal et, en cas de désaccord entre le maire et
le président ou directeur de l'association cultuelle, par arrêté préfectoral. Le règlement d'administration publique
prévu par l'art. 43 de la présente loi déterminera les conditions et les cas dans lesquels les sonneries civiles pourront
avoir lieu » ; — Que l'art. 51 du décret du 16 mars 1906,
rendu en exécution de la loi de 1905, s'exprime à son tour
dans les termes suivants : « Les cloches des édifices servant
à l'exercice public du culte peuvent être employées aux sonneries civiles dans les cas de péril commun qui exigent
un prompt secours. Si elles sont placées dans un édifice appartenant à l'État, au département ou à la commune, ou
attribué à l'association cultuelle en vertu des art. 4, 8 et 9
de la loi du 9 déc. 1905, elles peuvent, en outre, être utili-
sées dans les circonstances où cet emploi est prescrit par les

dispositions des lois ou règlements, ou autorisé par les usages locaux » ; — Attendu que cette disposition précise avec netteté dans quelles circonstances les cloches peuvent être affectées à des usages autres que les exercices religieux ; qu'il en résulte qu'elles ne peuvent être employées aux sonneries civiles que dans deux cas : 1° en cas de péril commun qui exige un prompt secours ; 2° si elles sont placées dans un édifice appartenant à l'État, au département ou à la commune, ce qui est le cas, ou attribué à une association cultuelle, dans les circonstances où cet emploi est prescrit par les dispositions des lois ou règlements, ou autorisé par les usages locaux ; — Que telle est, d'ailleurs, l'interprétation donnée à la loi par la circulaire de M. le ministre des cultes en date du 21 janv. 1907 ; — Or attendu que Lamouroux ne prétend pas qu'il y ait lieu de faire application du premier cas : qu'il n'allègue pas davantage avoir agi en vertu d'une loi ou d'un règlement qui lui aurait reconnu le droit de faire sonner les cloches ; qu'il soutient seulement que la sonnerie par lui ordonnée était autorisée par les usages locaux ; — Mais attendu que, s'il est constant que des sonneries avaient lieu en cas de décès de personnes appartenant au culte catholique, Lamouroux a été dans l'impossibilité de justifier que l'on ait eu recours à l'usage des cloches en cas de décès d'une personne appartenant à un autre culte ou en cas d'enterrements civils : que l'usage local par lui allégué n'est donc nullement établi ; d'où il résulte que les ordres par lui donnés ne se justifient par aucun des cas prévus par l'art. 51 précité ;

Attendu, il est vrai, qu'il soutient que les édifices affectés au culte lors de la promulgation de la loi du 9 déc. 1905, et les meubles les garnissant, sont devenus la propriété des communes, aux termes de l'art. 9 § 1er, de ladite loi, modifié par l'art. 1er de la loi du 13 avril 1908 ; qu'ainsi les communes sont libres d'user à leur convenance et sans aucune restriction des édifices à elles attribués et des clochers en dépendant ; — Mais attendu qu'on ne saurait faire découler une pareille conséquences des termes de la loi du 13 avril 1908, qui s'est bornée à statuer sur une question de propriété sans porter aucune atteinte aux dispositions de la loi du 2 janv. 1907 relatives à la jouissance de fait réglée par cette loi ; que l'art. 5, en effet, dispose qu'à défaut d'associations cultuelles, ce qui est le cas de la commune de Prades-le-Lez, les édifices affectés à l'exercice du culte ainsi que les meubles les garnissant continueront, sauf désaffectation dans les cas prévus par la loi du 9 déc. 1905, à être laissés à la disposition des fidèles et des ministres du culte pour la pratique de leur religion : — Qu'en employant le mot *continueront*, la loi du 2 janv. 1907 a nettement manifesté l'intention du législateur de maintenir la situation antérieure en ce qui concerne la jouissance de fait des édifices et meubles dont s'agit, et que cette jouissance ne peut se concilier avec la prétention de la commune d'user à sa convenance « et sans aucune restriction des édifices à elle attribués et des cloches en dépendant » ; — Qu'ainsi le moyen soulevé par Lamouroux n'est pas fondé ;

Attendu qu'il n'y a pas lieu de s'arrêter à la circonstance, indiquée par Lamouroux, que le clocher constituerait un local distinct de l'église ; que cette circonstance ne serait concluante que s'il était allégué que ce local n'avait pas une affectation religieuse, mais qu'il n'est pas, au contraire, dénié que le clocher servait ainsi que la cloche aux exercices du culte ;

Attendu qu'il résulte de ce qui précède que Lamouroux, n'ayant agi ni en vertu d'un droit consacré par la loi, ni pour l'exécution d'un règlement ou d'un arrêté, a accompli un fait personnel qui rentre dans les attributions de la juridiction civile ; — Attendu, d'autre part, que Donnadieu n'agit pas en tant que représentant d'un culte, mais en son nom personnel ; qu'il puise ce droit dans l'art. 5 précité de la loi du 2 janv. 1907 ; que son action est donc recevable ; — Attendu que l'acte reproché à Lamouroux constitue une atteinte à la jouissance de fait reconnue à Donnadieu par cette loi ; que celui-ci est donc en droit de demander réparation du préjudice qui lui a été causé ; — Attendu toutefois qu'il n'est justifié d'aucun préjudice matériel, mais seulement d'un préjudice moral ; que le tribunal possède les éléments nécessaires pour en apprécier le montant ;

Par ces motifs ; Déclare Donnadieu recevable en son action ; dit que l'acte reproché à Lamouroux constitue un fait personnel rentrant dans la compétence de la juridiction civile ; dit que ce fait a occasionné à Donnadieu un préjudice dont il lui est dû réparation ; en conséquence, condamne Lamouroux en tous les dépens, et ce, au besoin, à titre de dommages intérêts.

Ce jugement de Montpellier marque le terme de la première série des documents que nous devions reproduire. Il est dûment constaté qu'actuellement les prêtres et les fidèles catholiques ont en France un droit juridiquement reconnu et sanctionné de jouissance gratuite sur leurs églises. Ces affectataires qu'un ministre déclarait ne devoir être que des détenteurs précaires, simples occupants sans titre juridique, sont au contraire investis d'un titre très précis qui prévaut contre les contrats en bonne forme qu'auraient pu conclure avec l'autorité municipale des prêtres schismatiques ou des associations cultuelles. Ce droit est même exclusif de tout autre et élimine par le fait seul qu'il se pose toute autre prétention concurrente. Après de pareilles constatations, peut-on dire encore des individus capables d'invoquer de pareils droits qu'ils ne sont que des occupants sans titre régulier? ils ne paient aucun loyer et quel locataire ou fermier n'apprécierait cet avantage? i's ne sont soumis à aucune réparation et là encore leur situation est meilleure que celle de l'usufruitier. Et cependant on n'a jamais soutenu que les locataires ou les usufruitiers fussent dépourvus de titre [1].

1. Le seul sens, très lointain d'ailleurs, que l'on puisse donner à la formule de M. le ministre des cultes est celui-ci : le prêtre et les fidèles n'ont pas le droit de tirer un revenu de la jouissance de l'église ou des meubles la garnissant et ils ne peuvent non plus, sans autorisation de la commune, faire aucune réparation, ni, moins encore, apporter aucune modification dans la disposition ou l'aménagement des lieux occupés. Mais la première prohibition existe également à l'égard des personnes investies d'un droit d'usage

Mais alors où est donc la méprise et qui en est responsable ? Faut-il dire que M. le ministre des cultes qui a proposé et la majorité qui a voté les lois de 1905 et de 1907 se sont gravement trompés sur la portée réelle des textes proposés et votés, ou faut-il croire que nos magistrats de l'ordre judiciaire et administratif ont commis des erreurs d'interprétation ? Ni l'une ni l'autre de ces suppositions n'est vraisemblable, ni heureusement nécessaire pour expliquer l'énigme. La vérité est plus simple et il suffit de remarquer que, sous la poussée des forces sociales profondes, nos magistrats ont été logiquement amenés

ou d'habitation et la seconde à l'égard du locataire : dira-t-on que ces différentes personnes ne sont que des occupants sans titre juridique ? — Par application de cette première interdiction, M. Disleau, qui était maire de Sainte-Ouenne et député radical de la circonscription de Niort, a fait juger par la Cour de Poitiers que le curé n'a pas le droit d'apposer sur les chaises et les bancs des étiquettes pour en distribuer nominativement les places et percevoir un loyer à l'occasion de cet usage ; les fidèles ont droit à l'usage gratuit des sièges, en vertu de l'article 5, § 1er, de la loi de 1907. Cour de Poitiers. 24 déc. 1909 ; *Dall. pér.* 1911.2.111. Cette solution, qui paraît conforme au texte et à l'esprit des lois actuelles, ne semble pas de nature à diminuer sensiblement les recettes des paroisses : il suffit de qualifier d'offrande volontaire ou de « taxe contributoire des frais des cérémonies cultuelles » les produits des collectes faites naguère pour « location des sièges ».

à tirer des textes libéraux et sages les déductions utiles qu'ils comportaient et à laisser au contraire dans l'ombre les déductions qui ne pouvaient s'harmoniser avec les exigences de la vie collective.

Il est certain que la majorité parlementaire, qui vota les lois de 1905 et de 1907, n'avait qu'une sympathie modérée pour l'Église catholique romaine ; aussi s'est-elle délibérément refusée à voter aucun texte qui parût consacrer explicitement ses droits ou protéger son orthodoxie. Mais, comme nous l'avons dit aussi, elle ne voulait pas déchaîner dans ce pays une guerre religieuse susceptible d'ameuter les citoyens les uns contre les autres et cette seconde pensée l'a conduite notamment à grever les églises, déclarées propriété des communes, d'une affectation précise et ferme, jusqu'à l'obtention d'un décret de désaffectation. Or, la fermeté avec laquelle on avait affirmé l'obligation de la commune a inévitablement servi la cause de ceux qui devaient bénéficier de la charge. Epictète disait que tout panier a deux anses : de même pourrait-on dire tout droit a deux aspects, celui du sujet actif qui en est investi et celui du sujet passif qui le subit. Si des raisons de psychologie parlementaire obli-

gent le législateur à glisser sur l'énoncé des droits
reconnus, si même ces raisons le conduisent à ne
pas très bien expliciter ce qu'il admet et ce qu'il
rejette, la vie sociale est là qui saura tirer, avec
le concours d'une magistrature douée de loyauté
et de bon sens, les déductions dont elle a besoin,
dont elle ne peut se passer. Sous son action, les
textes énonciatifs d'obligations à la charge des
communes propriétaires des édifices cultuels se
sont retournés automatiquement en textes énonciatifs de droits très précis au profit des bénéfi-
ciaires. Une à une, comme en un défilé, les conséquences se sont présentées en ordre et leur
ensemble, parfaitement harmonique, a donné satisfaction aux droits de la conscience religieuse.

On doit aussi remarquer que toutes ces consé-
crations judiciaires du droit des fidèles et de leurs
prêtres se sont produites, sans que jamais les tribunaux aient éprouvé la moindre difficulté à dis-
tinguer de quel côté se trouvait l'orthodoxie.

Le législateur de 1905 ne voulait pas que les
tribunaux de l'État laïque eussent à examiner
aucune question d'orthodoxie et, pour s'y refuser,
il alléguait notamment qu'il fallait à tout prix
éviter de mêler nos magistrats à des discussions

théologiques pointues renouvelées du moyen âge.
Sur ces deux points, l'événement n'a pas justifié
les prévisions : à maintes reprises, la question
d'orthodoxie a été soulevée ; nos tribunaux l'ont
tranchée sans difficulté et sans que les arguties
d'une théologie subtile et byzantine aient encombré les plaidoiries de nos avocats. Les magistrats
se bornent à constater, en ce qui concerne
l'Église catholique, que les réclamants, prêtres ou
laïques, sont en relation régulière avec l'évêque ;
comme il ne s'est trouvé aucun évêque désireux
de se séparer de Rome, la constatation est suffisante
et il est superflu de remonter plus haut dans les
degrés de la hiérarchie [1]. En chaque procès, la

1. Mais cette superfluité ne modifie d'aucune manière la nature réelle du fait, et la sincérité nous oblige à faire remarquer aux libres penseurs qui liraient ces pages qu'en réalité ce sont bien les droits de toute la hiérarchie catholique, y compris ceux du Pontife suprème, qui se trouvent ici consacrés. Si l'on veut bien supposer un instant le cas très improbable où un évêque de France se séparerait de Rome, il apparaît aussitôt que les tribunaux français cesseraient immédiatement de reconnaître aucun des droits prévus par les lois de 1905 et de 1907 aux prêtres et aux fidèles qui demeureraient attachés à cet évêque. Il ne faut donc pas se leurrer : les nombreuses décisions judiciaires qui se contentent de constater que les desservants ont été régulièrement nommés par l'évêque ou sont demeurés en relations régulières avec lui contiennent toutes un « attendu » implicite et qui ne reste tel que parce qu'il n'énonce qu'une vé-

vérification est aussi simple que rapide, et il faut
s'en réjouir, car en dépit des affirmations incon-
sidérées, il n'est au pouvoir de personne de faire
qu'elle ne rentre pas dans la compétence de nos
tribunaux. Pour y procéder, il existe différentes
méthodes, dont quelques-unes, que nos mœurs
d'ailleurs ne toléreraient plus, aboutiraient à
troubler gravement la paix sociale. Nos magistrats ont choisi la meilleure, et on ne voit même
pas comment ils auraient pu avoir la pensée d'en
choisir une autre.

En tout cas, retenons ici cette constatation et
observons combien nous sommes loin des prémisses posées en 1905 : « Nous ne connaissons aucun

rité évidente : « et attendu que cet évêque est à son tour en
communion avec le pa e ». Au surplus, le lecteur a pu juger, à la seule lecture des décisions rapportées, que nos
magistrats, pour éviter toute méprise, aiment à qualifier
de « romaine » l'Église catholique dont les ministres ou les
fidèles plaident devant eux. — Puisque nous traitons ici la
question d'orthodoxie, nous pouvons signaler que cette
question pourrait donner lieu à des contestations beaucoup
plus délicates, dans le cas où les plaideurs se rattacheraient
au culte protestant, et en d'autres pays de semblables contestations ont été soulevées que les tribunaux ont d'ailleurs
tranchées, comme ils tranchent chaque jour beaucoup d'autres questions délicates. En France, à notre connaissance,
l'application de la loi de 1905 n'a suscité, en ce qui concerne le culte protestant, aucun conflit judiciaire.

culte, répétaient à l'envi les réformateurs, nous ne voulons et pouvons connaître que des citoyens français pratiquant librement leur culte, suivant les exigences de leur conscience. » Les faits se sont chargés d'écarter sans retard ces distinctions subtiles : ils ont montré qu'il ne dépend d'aucun citoyen, en dépit de l'autonomie de sa conscience, de se donner une qualité religieuse qu'il n'a pas, et ce petit fait, qu'on avait oublié, a suffi pour mener nos magistrats jusque devant cette hiérarchie religieuse qu'on voulait ignorer. Tel citoyen peut être galant homme et se croire un fidèle catholique, alors même que l'autorité religieuse dont il relève déclare l'exclure du « troupeau » ; il n'empêche que les tribunaux de l'État laïc seront obligés de constater cette exclusion et de la faire prévaloir sur l'affirmation de l'intéressé[1] : derrière le citoyen qui se donne pour catholique se projette inévitablement la double personnalité de l'évêque et du pape, et dès lors il est vain de vouloir ignorer l'un et l'autre. Peut-être cette constatation est-elle humiliante pour quelques dissidents de la Libre Pensée : pour un esprit

---

1- Toute réserve est faite à l'égard des abus, des excès où des détournements de pouvoir.

discipliné à la méthode d'observation il lui suffit de vérifier sa certitude, et l'ayant vérifiée, il abandonne tout dessein de ne reconnaître aucun culte. Le fait social serait plus fort que sa volonté; il le sait, et parce qu'il le sait, il s'incline, ce qui est toujours, en face des réalités de la nature, le meilleur moyen de leur commander : *parendo imperabis.*

IV

LA DEUXIÈME VICTOIRE DES FAITS :
LA JURISPRUDENCE (*suite*).

*B. — Les relations de l'autorité religieuse avec
les fidèles.*

L'étude des relations entre les ministres du
culte ou les fidèles, d'une part, et les dissidents,
d'autre part, nous a montré comment le fait social vient modérer les décisions parfois utopiques
d'un législateur trop enclin à l'idéologie ; mieux
encore cette action sereine et puissante des forces
sociales va-t-elle apparaître dans la deuxième section de cette étude, consacrée à l'examen des relations entre le ministre du culte et les fidèles,
entre le curé et ses paroissiens.

On a certainement remarqué déjà, sans qu'il ait

été nécessaire de le signaler, combien est précis et ferme le droit isolé, distinct, personnel, que les lois de 1905 et de 1907 reconnaissent au simple fidèle, indépendamment de celui qui peut existor au profit du ministre du culte. Cette reconnaissance était trop conforme à la doctrine laïque et au dessein « d'extranéité » qui inspiraient la conduite de la majorité parlementaire de 1905 pour que celle-ci songeât à l'omettre, même à ne pas lui rester opiniâtrement fidèle, et cette équivalence, que la législation nouvelle s'efforce de maintenir entre les droits du simple fidèle et ceux du ministre du culte, n'est pas le moins original, ni le moins idéologique de ses caractères. A vrai dire, ce plan même, tout essentiel qu'il parût au législateur, n'a pu être observé avec une fidélité parfaite et déjà l'auteur de la loi 1907 dut s'incliner devant une réalité sociale plus forte que sa volonté. En effet, l'article 5 de cette loi admet dans son paragraphe deuxième qu'un contrat de jouissance gratuite de l'église pourra être conclu entre le ministre du culte et l'autorité municipale : or, un simple fidèle n'aurait pas semblable faculté et il lui faudrait, pour conclure pareil contrat avec la commune, s'assurer au moins le concours d'un autre paroissien et fonder avec lui une association, suivant les conditions de la loi de 1901 : seule cette association serait capable de contracter avec la commune.

Mais sous réserve de cette observation, le législateur a presque pu croire qu'il réalisait son dessein essentiel et qu'il avait maintenu dans les textes l'équivalence entre les droits du curé et les droits des paroissiens.

En pratique, l'existence de ce droit personnel et distinct des fidèles n'a pas été inutile aux intérêts mêmes de l'Église catholique. En maints procès, depuis quinze années, nous avons vu plusieurs paroissiens se joindre collatéralement à l'action intentée par leur curé, la soutenir et obtenir avec lui gain de cause. Parfois les fidèles agissent à la place de leur pasteur, ou se substituent à lui pour recourir à une procédure plus expéditive, lorsque lui-même s'est engagé dans une voie plus longue ou plus coûteuse 1. En dépit des efforts de l'ad-

1. L'évêque de Poitiers ayant supprimé le culte dans la commune d'Ardin, parce que le conseil municipal avait refusé de louer le presbytère au curé, la municipalité s'adressa au sieur Durand Morimbeau, dit Henri des Houx, qui envoya à Ardin le sieur Bousquet, prêtre interdit, originaire du diocèse de Mende. Le conseil municipal l'installa dans l'église et passa avec lui un contrat d'attribution pour trois ans. L'évêque ayant alors rétabli le culte, l'ancien curé re-

versaire, jamais les tribunaux n'ont repoussé par
une exception préjudicielle cette action principale

çut l'ordre de reprendre son poste ; mais il en fut empêché
par la force, et, après s'être retiré, se pourvut devant le
Conseil d'État contre le contrat d'attribution. Avant que le
Conseil d'État eût statué, les sieurs Gouin et consorts, habitants de la commune d'Ardin, ont argué de leur qualité de
« fidèles » et ont assigné en référé le sieur Bousquet et le
maire d'Ardin.

Le 10 fév. 1909, ordonnance de référé rendue par le président du tribunal civil de Niort dans les termes suivants :

« Sur la recevabilité : — Attendu que les demandeurs ont,
en leur qualité de catholiques romains, le droit de se pourvoir devant les tribunaux et de plaider leur cause lorsque
leurs droits se trouvent lésés (Chambre des députés, séance
du 21 déc. 1906, *Journal officiel* du 22 déc. 1906, débats parlementaires, et arrêt du conseil d'État du 8 fév. 1908) ; —
Attendu que la qualité de catholiques romains que revendiquent les demandeurs ne leur est pas contestée ; — Que leur
demande est donc recevable :

« En fait ; — Attendu qu'il résulte des documents produits
que, depuis le 23 avril 1907, l'abbé Barraud a été chargé par
l'évêque de Poitiers de rétablir dans la commune d'Ardin
l'exercice du culte catholique, tel qu'il y était avant son
départ pour Coulon au mois de février de la même année ;
— Attendu que le maire d'Ardin a, le 29 avril 1907, mis
M. Bousquet, s'intitulant « prêtre de la religion catholique
française », en possession de l'église d'Ardin et des objets
du culte la garnissant ; — Attendu que l'église d'Ardin est
un édifice communal affecté à l'exercice du culte catholique
romain ; que, aucune désaffectation de l'église n'ayant eu
lieu, elle doit être réservée au seul culte romain ; — Attendu
qu'aux termes de l'art. 5 de la loi du 2 janv. 1907 et des termes de la lettre du ministre des cultes du 2 mars de la
même année, les églises doivent être laissées à la disposi-

ou accessoire des fidèles et, en chaque circonstance, il a suffi de constater leur orthodoxie 'effective pour reconnaître leur droit d'accès au prétoire [1].

Toutefois, ce n'est un mystère pour personne que le Pape et la majorité des évêques de France ont vu avec défiance cet octroi aux simples fidèles, aux simples « brebis du troupeau » d'un droit personnel et distinct à la jouissance gratuite des églises, et les services éventuels que ce droit re-

tion des fidèles et des ministres du culte pour la pratique de leur religion, le maire ne pouvant détenir la clef de l'église sans entrave pour l'exercice du culte et sans inconvénient :

« Par ces motifs, au principal, renvoyons les parties à se pourvoir, et. cependant, par provision, disons que les demandeurs seront immédiatement réintégrés dans la jouissance de l'église d'Ardin et des objets du culte la garnissant, pour y pratiquer leur religion : — Ordonnons que M. Bousquet et M. le maire d'Ardin seront tenus de remettre aux demandeurs les clefs de l'église et de la sacristie dans les trois jours de la présente ordonnance; — Faisons défense à M. Bousquet d'y exercer le culte ; — Disons que les dépens seront joints à ceux du principal.

Sur appel formé par le sieur Bousquet, la Cour de Poitiers confirma purement et simplement, par adoption de motifs, l'ordonnance du président du tribunal de Niort.

1. Cette constatation était suffisante, mais elle était nécessaire et notons aussi, comme suite à l'imbroglio déjà signalé, qu'un des critères de cette orthodoxie était justement que ces fidèles se fussent abstenus de toute participation à une association cultuelle prévue (et souhaitée) par la loi de 1905.

connu pouvait rendre, dans la lutte à soutenir
contre les dissidents, étaient beaucoup moins ap-
préciés par eux que n'étaient redoutés les conflits
avec l'autorité du curé ou de l'évêque qu'il paraissait encourager. Au cours de sa longue histoire,
l'Église a engagé de rudes batailles et accepté de
pénibles sacrifices pour sauvegarder l'essentiel
principe de sa hiérarchie et il fallait s'attendre à
ce qu'elle se montrât, en 1905, particulièrement
soupçonneuse et méfiante sur ce point, puisque les
tendances et les doctrines du gouvernement français à cet égard avaient reçu la plus large publicité. Aussi bien, c'est là, comme on le sait, que
se trouva le rocher sur lequel se brisèrent les efforts sincères qui furent faits de part et d'autre en
vue de l'entente. La majorité parlementaire qui,
peu à peu, au cours de l'élaboration de la loi, con-
sentit à des concessions qu'elle avait cru d'abord
impossibles, ne pensa pas pouvoir abandonner sa
« conception démocratique » de l'organisation
temporelle du culte : elle n'avait pas voulu reconnaître l'institution religieuse de l'Église comme
investie de droits à l'égard de l'Etat et des incroyants, moins encore, peut-on dire, était-elle
disposée à admettre que cette institution pût invoquer des droits judiciairement sanctionnés con-

tre ses propres fidèles. Non pas certes que délibérément la majorité radicale ait voulu favoriser la scission et les schismes, mais on ne sait jamais ce que prépare l'avenir et il fallait le réserver [1]. La neutralité de l'Etat lui interdisait aussi bien de protéger l'orthodoxie que de la combattre et les démêlés entre le curé et ses paroissiens, entre le prêtre et l'évêque ne pouvaient concerner les magistrats de la République.

De son côté, l'Eglise, prête à des concessions sans limites, tenait plus encore à la consécration des droits de sa hiérarchie vis-à-vis de ses propres membres qu'à la reconnaissance de ses prérogatives à l'égard des dissidents et d'un pouvoir politique qu'elle savait hostile. Vis-à-vis des indifférents ou des adversaires, elle sait qu'elle ne peut compter que sur ses propres ressources de défense ou d'apostolat, mais il lui parut inadmissible que ce pouvoir politique qui se disait et devait rester neutre, semblât de quelque manière encourager les

---

1. « La liberté! Ah, Messieurs, ne la craignez pas! C'est plutôt pour l'Eglise qu'elle peut devenir un danger. Elle l'obligera à se modifier profondément, à s'assouplir peu à peu aux exigences et à l'évolution même des milieux dont sa vie dépendra désormais ». (Discours de M. Briand, *J. O.* Sénat, 1905, p. 1645, 3e col.).

fidèles à méconnaître l'autorité de leurs prêtres et de leurs évêques.

La contradiction entre ces deux doctrines était irréductible : pour sauvegarder la sienne, l'Eglise estima qu'un sacrifice de quatre cents millions [1] et le danger de paraître en révolte contre la loi étaient peu de chose, et elle condamna les associations cultuelles. Mais la certitude qu'il ne serait fondé aucune association cultuelle ne dirimait point la question tout entière, et au lendemain de la promulgation de la loi de 1907, on put encore se demander quelle solution prévaudrait toutes les fois qu'un conflit surgirait entre un fidèle et son curé, entre un prêtre et son évêque. Les textes sur les

1. Voici l'évaluation officielle des « biens de mense » que possédaient, en 1905, les établissements publics du culte catholique : archevêchés, évêchés, grands et petits séminaires, chapitres, cures, fabriques paroissiales, caisses de retraite des vieux prêtres :

Fabriques et menses paroissiales ou succursales.	228.597.000 fr.
Fabriques des églises métropolitaines ou cathédrales.	10.688.000
Menses archiépiscopales ou épiscopales, chapitres métropolitains ou cathédraux et séminaires.	93.334.000
Maisons et caisses de retraite pour les prêtres âgés ou infirmes.	19.123.000
Au total.	351.742.000 fr.

associations cultuelles ne faisaient que manifester
une conception laïque et démocratique qui inspirait
d'autres articles encore. Comment la jurisprudence
interpréterait-elle ces autres articles ? Ne devait-
on pas craindre que les fidèles que la loi affectait
de mettre partout sur le pied d'égalité avec les
ministres du culte ne trouvassent appui auprès
des tribunaux, toutes les fois qu'ils voudraient
« faire marcher » leur curé ou, se dispensant de
ses services, faire personnellement usage de l'é-
glise ?

En fait, ceux qui eurent ces craintes peuvent
être aujourd'hui rassurés, et nous allons voir une
fois encore le fait social imposer aux tribunaux la
seule interprétation compatible avec les intérêts
supérieurs de la paix publique. Quel qu'ait été le
dessein poursuivi, ces tribunaux vont se constituer les gardiens sagaces de l'orthodoxie la plus
exacte, du droit canonique le plus ferme et même
les défenseurs, j'en demande pardon aux libres
penseurs, mais il faut bien encore prononcer le
mot fatidique, de la hiérarchie.

Trois questions principales et très importantes
ont été successivement posées à nos tribunaux : la
première concernait la nature et l'étendue du
droit personnel du fidèle à l'usage de l'église et

des meubles la garnissant ; l'examen de la deuxième
a conduit nos magistrats à rechercher si le desservant avait pleine liberté de fixer lui-même et d'une
manière autonome le taux de ses honoraires ; enfin la troisième contestait l'indépendance du curé
relativement aux dispositions matérielles qui sont
le corollaire des cérémonies religieuses : plus largement elle engageait ses pouvoirs de direction et
de police à l'égard des personnes qui assistent aux
offices de la paroisse.

Examinons successivement chacune de ces trois
questions.

I. LE DROIT DES FIDÉLES A L'USAGE DE L'ÉGLISE. —
Jamais l'Eglise catholique n'a enseigné que ses
temples devaient être exclusivement réservés aux
cérémonies publiques accomplies par le ministère
et sous la direction du prêtre ; au contraire, elle a
toujours affirmé que les monuments de pierre spécialement consacrés au culte étaient aussi la demeure permanente et spéciale de Dieu, le lieu où il
aimait particulièrement à recevoir les prières de ses
enfants, à leur donner audience (*aula Deï*) et, en
conséquence, elle a toujours invité d'une manière
pressante les fidèles à venir visiter les temples pour
y formuler leurs demandes et leurs actions de grâces.

Ce premier usage purement individuel et silencieux de l'église n'est pas le seul que les fidèles avaient coutume de considérer comme licite avant la loi de 1905 : ainsi, de tout temps, il a été admis que les élèves d'un collège, une famille ou une cohorte de promeneurs, à plus forte raison un groupe de pélerins pouvaient, s'ils en avaient le désir, réciter collectivement et à haute voix des prières diverses, à l'intérieur d'une église qu'ils visitaient au cours d'une excursion ou d'un pélerinage.

Or, depuis la loi de 1905, il s'est rencontré des catholiques qui ont émis la prétention d'élargir sensiblement le domaine des usages personnels qu'ils avaient le droit de faire de l'édifice cultuel, sans le concours du prêtre desservant de la paroisse. Ils ont soutenu qu'il leur était loisible de se servir librement de l'édifice cultuel et des meubles le garnissant, à la seule condition de ne violer d'aucune manière le respect dû à la maison de Dieu et de ne troubler aucune cérémonie religieuse, en cours de célébration. Cette double obligation, que ces catholiques étaient les premiers à reconnaître, restreint singulièrement, on voudra bien le remarquer, le nombre et l'étendue des usages personnels auxquels ils pourraient prétendre sans faire appel au concours du ministre du culte. Cependant, si l'on y veut réfléchir sans parti-pris et examiner loyalement les problèmes *juridiques* que pose la législation nouvelle, on verra qu'il reste encore des hypothèses dignes d'être examinées. Par exemple, puisque tout fidèle peut administrer le sacrement de baptême, un catholique n'a-t-il pas le droit, depuis la loi de 1905, d'aller à l'église pour y baptiser son enfant et même de faire usage des fonts baptismaux ? Semblablement, un cortège funéraire ne pourra-t-il pénétrer dans l'église avec le corps du défunt et y réciter pieusement une prière pour le repos de son âme ? Enfin est-il défendu à un fidèle de sonner ou de faire sonner à ses frais la cloche, à l'occasion d'un événement important de sa vie religieuse, afin de solliciter par cet acte les prières de ses frères dans le Christ, habitant la même commune [1] ?

Sans doute, plusieurs lecteurs, en lisant cette page, ne pourront croire à la pureté des intentions de ces « fidèles » novateurs ; ils se diront qu'ils

---

1. Ainsi, dans certaines paroisses, il est d'usage de sonner les agonies : lorsqu'un malade n'a plus que quelques instants à vivre, on va à l'église « faire sonner une agonie » ; naturellement on s'adresse au sacristain de service. Depuis la loi de 1905, ne pourrait-on soi-même sonner la cloche et se refuser à toute rétribution ?

se trouvent en présence d'une « forte tête » ou
d'un paroissien qui veut manifestement « faire une
niche à son curé » ; puis en vertu de l'adage *ma-
litiis non est indulgendum*, ils concluront sans
hésiter au refus de l'usage nouveau réclamé. Nous
ferons remarquer à ces lecteurs que leur point de
vue n'est pas nécessairement celui de la loi de
1905 et que c'est l'interprétation de cette loi qui
est *seule* en question présentement ; d'autre part,
leur point de vue même est peut-être beaucoup
moins justifié qu'ils ne le croient. L'adage *unusquisque præsumitur bonus*, chacun doit toujours
être présumé de bonne foi, formule en même
temps un précepte moral et une règle scientifique,
et on pourrait, preuve historique en main, démontrer la malfaisance sociale de ce préjugé des « hon-
nêtes gens » qui les porte à n'imputer qu'à des
sentiments mauvais les innovations sociales qui
troublent leur quiétude ou leur apathie. La vie sociale, pour s'entretenir et progresser, n'a pas
moins besoin des hardiesses novatrices de ceux
qu'on appelle trop facilement des fortes têtes, et
qui ne sont parfois que de courageux inventeurs,
que des soumissions dociles des « enfants de la
tradition ».

Ceci dûment rappelé, examinons donc avec

sérénité les prétentions nouvelles formulées effectivement par quelques fidèles. Les annales de la jurisprudence nous rapportent spécialement deux exemples. Dans les deux cas il s'agit de l'enterrement religieux d'un défunt, auquel le desservant n'a pas pu ou n'a pas voulu procéder à l'heure ou avec la pompe souhaitée par la famille.

A Ploëzal, petite commune de l'arrondissement de Guingamp, l'abbé Henry refuse de procéder à une heure autre que 8 heures du matin à l'enterrement d'un sieur Étienne. La famille, d'accord avec Gallou, maire de la commune, se résoud à procéder aux obsèques *religieuses*, sans le concours du curé, et le 12 avril 1910, le cortège pénètre dans l'église ; on dépose le cercueil à l'endroit habituel et le maire récite les prières accoutumées. Quelques jours plus tard, le curé intente contre Gallou une action en dommages-intérêts. Voici le jugement du tribunal de Guingamp, rendu le 28 juillet 1910.

LE TRIBUNAL ; — Attendu que les faits qui motivent l'assignation du demandeur ne sont pas contestés par le défendeur ; — Attendu, en effet, que Gallou reconnaît avoir, le 12 avril 1910, en l'absence du clergé de Ploëzal, fait pénétrer dans l'église de cette paroisse le cercueil contenant

le corps du sieur Etienne : l'avoir fait déposer à l'endroit
où l'on met d'ordinaire les bières ; s'être placé entre le
cercueil et les fidèles, avoir récité les prières accoutumées ;
puis, en prenant la tête du cortège, avoir conduit le
corps au cimetière ;

Attendu que, pour repousser l'action en dommages-
intérêts formée de ce chef contre lui par l'abbé Henry,
Gallou invoque deux moyens : 1° que l'abbé Henry n'a pas
qualité pour intenter son action ; 2° qu'en tout cas le fait
reproché n'a causé aucun préjudice ;

Sur le premier moyen : — Attendu que, si, à défaut de
constitution d'associations cultuelles, les églises sont entrées
dans le domaine de l'Etat, elles n'en ont pas moins conservé
leur affectation antérieure ; — Attendu que c'est, en effet,
ce qui résulte expressément de l'art. 5 de la loi du 2 janv. 1907,
qui dispose que les églises continueront à être laissées à la
disposition des fidèles et des ministres du culte pour la
pratique de leur religion ; — Attendu que des termes
mêmes de ce texte il ressort à l'évidence que le clergé a
conservé la possession légale des églises ; — Et attendu que
cette possession légale entraîne pour le clergé une certaine
responsabilité, résultant de ce qu'il doit veiller à ce qu'il ne
soit préjudicié ni à l'immeuble, ni aux objets le garnissant ; que cette obligation ne saurait se concevoir sans un
droit de surveillance qui serait illusoire s'il n'appartenait
au clergé aucune action pour faire respecter au besoin
sa possession ; — Attendu, d'autre part, que le maire ne
saurait soutenir que le fait incriminé rentre dans ses attributions ; qu'en procédant lui-même, dans une église, à un
enterrement avec le cérémonial usité, en l'absence du
clergé, il a empiété sur les fonctions de celui-ci, il a porté

atteinte à sa possession légale de l'édifice religieux et commis un acte contraire à l'affectation de cet immeuble ;

Sur le deuxième moyen : — Attendu que, si, dans la pensée de Gallou, le fait incriminé a pu être comme une protestation à l'encontre du refus de l'abbé Henry de procéder aux obsèques du sieur Étienne à une heure autre que 8 heures du matin, il n'y a pas eu, dans sa pensée, ni au regard de personne, un travestissement scandaleux d'une cérémonie religieuse ; — Qu'il n'y a donc pas eu de préjudice moral ; — Qu'il n'y a pas eu davantage de préjudice pécuniaire, mais simplement une atteinte à la possession légale du clergé sur les églises pour les exercices du culte auquel elles sont affectées ; — Attendu que la condamnation de Gallou en tous les dépens, à titre de dommages-intérêts, constitue une réparation suffisante de cette atteinte à la possession du demandeur ;

Par ces motifs ; — Dit l'abbé Henry bien fondé dans son action ; condamme, à titre de dommages-intérêts envers lui, Gallou en tous les dépens de l'instance ; rejette toutes conclusions contraires.

A Çaro, commune de l'arrondissement de Saint-Palais, ce n'est plus l'heure de la cérémonie, mais l'épineuse question des grands honneurs qui divise le curé Habiague et le sieur Minhondo, à l'occasion des obsèques de la veuve Marianne Irouléguy. Minhondo réclame pour sa parente la pompe des grands honneurs et l'abbé Habiague la refuse, parce que les instructions de son évê-

que lui ordonnent de s'abstenir de toute pompe
extérieure pour les obsèques des personnes qui,
de leur vivant, n'ont point jugé bon de contribuer
au denier du culte ; or, la dame Marianne Irouléguy est dans ce cas. Mais cette décision du curé
ne plaît pas à Minhondo qui tient à honorer la
mémoire de sa parente et qui trouve quand même
le moyen de parvenir à ses fins. Puisque le curé
refuse, on se passera de son concours : un catafalque somptueux est dressé dans l'église et,
le 5 avril 1909, on procède en pieuse forme à la
cérémonie religieuse avec récitation des prières
liturgiques et sonnerie solennelle des cloches.

L'abbé Habiague proteste devant le tribunal de
Saint-Palais contre cette violation de son privilège sacerdotal et d'abord il perd son procès en
première instance ; mais le succès de Minhondo
est éphémère et bien que les juges du premier
ressort aient mis au service de leur opinion les
ressources les plus subtiles de leur science juridique et de leur habileté, la Cour de Pau n'hésite
pas à assurer à l'abbé Habiague la revanche à
laquelle il a droit (arrêt du 27 juin 1910).

La Cour ; — Attendu que les premiers juges ont, à tort,
déclaré irrecevable, faute de droit acquis et privatif, la de-

mande en dommages-intérêts formée par le sieur Habiague,
agissant en qualité de desservant de la paroisse de Çaro,
contre les sieurs Minhondo, Inchauspé, Landé et Quihillalt ; — Attendu que le paragraphe 1ᵉʳ de l'art. 5 de la loi
du 2 janv. 1907 est ainsi conçu : « A défaut d'associations
cultuelles, les édifices affectés à l'exercice du culte, ainsi
que les meubles les garnissant, continueront, sauf désaffectation dans les cas prévus par la loi du 9 déc. 1905, à être
laissés à la disposition des fidèles et des ministres du culte
pour la pratique de leur religion » ; — Attendu que le législateur a ainsi, et en dehors même de toute création
d'associations et de tout contrat, cas prévus au paragraphe 2
de l'article susénoncé, indiqué très clairement son but, et
dit, en termes très précis, qu'il entendait maintenir la
continuité de l'état de choses antérieur et laisser les églises
catholiques vouées au culte jusqu'à leur désaffectation ; —
Attendu que c'est en vertu de ce texte que, dans une circulaire du 3 févr. 1907, relative à l'attribution de la jouissance des édifices affectés à l'exercice du culte, M. le ministre des cultes pouvait dire : « Jusqu'à désaffectation
régulière, les édifices devront rester affectés, non pas à un
culte quelconque, mais au culte auquel ils étaient consacrés avant la séparation » ; — Attendu, d'ailleurs, que,
dans une circulaire du 1ᵉʳ déc. 1906, M. le ministre des
cultes avait expliqué déjà que, malgré le défaut de création des associations cultuelles prévues par la loi de
séparation, l'affectation des édifices autrefois consacrés à
l'exercice public du culte subsistait et qu'il incombait à
l'État et aux communes : « non seulement de ne pas dé-
tourner ces édifices de leur destination en les faisant servir,
ne fût-ce que d'une façon momentanée, à d'autres usages

que le culte, mais encore de laisser le culte s'y exercer comme par le passé » ; — Attendu que ces instructions empruntent une autorité toute particulière à la personnalité de leur auteur et qu'il n'était pas possible de mieux traduire la volonté que, dans un esprit de large tolérance, le législateur a manifestée avec persistance de permettre la pratique et l'exercice de chaque culte dans les mêmes conditions qu'avant la séparation des Églises et de l'État, c'est-à-dire suivant les règles d'organisation et de discipline propres à chacun d'eux, d'où résulte, pour les fidèles, le droit de pénétrer dans les églises et d'y prier individuellement et à toute heure et, s'il s'agit du culte catholique romain, dont les règles fondamentales nécessitent l'intervention du prêtre pour les chants et prières liturgiques, le droit exclusif pour le ministre de cette religion de se servir des objets mobiliers affectés au culte, d'autoriser les cérémonies, d'y présider et d'en régler la pompe et les détails ; — Attendu que le ministre du culte trouve ainsi son titre juridique dans la loi elle-même qui lui a nécessairement accordé une action judiciaire pour défendre et faire respecter son droit, s'il est méconnu ; qu'il n'est, il est vrai, ni un usufruitier, ni un locataire ; qu'il ne peut faire ni acte d'administration, ni acte de disposition, et qu'en ce sens seulement, il est permis de dire qu'il n'est qu'un simple occupant au même titre que les fidèles ; — Attendu que, l'église de Çaro n'a point été désaffectée ; — Que le libre usage se trouve défini suivant les règles d'organisation du dit culte, et que, dans ces conditions, le sieur Habiague avait qualité pour introduire son action ;

Au fond : — Attendu que le sieur Habiague n'avait point refusé son ministère, ni une simple cérémonie religieuse,

mais seulement, pour obéir aux instructions de ses supérieurs, les grands honneurs demandés par le sieur Minhondo pour les obsèques de la veuve Irouléguy, qui n'avait
point participé au denier du culte ; qu'il n'est contesté ni
par le sieur Minhondo, ni par les trois autres intimés
qu'ils aient, dans ces conditions, en l'absence du sieur
Habiague et malgré sa défense formelle, introduit, le
5 avril 1909, dans l'église, le corps de la défunte, qu'ils
l'aient déposé sur un catafalque préparé à cette fin, et qu'ils
aient ensuite, toujours sans la participation du desservant
prénommé, récité les prières liturgiques ; que, sans qu'il
soit nécessaire de recourir à la preuve subsidiairement
offerte par ledit desservant, il est donc d'ores et déjà certain
qu'en se livrant aux agissements ci-dessus relatés et contraires aux règles de la religion catholique et à l'affectation
exclusivement cultuelle de l'édifice, les intimés ont méconnu
. le droit du sieur Habiague d'assurer librement et sans
trouble le fonctionnement et l'exercice du culte dont il
était le ministre attitré par l'autorité ecclésiastique ; qu'en
procédant ainsi à un simulacre d'enterrement religieux
dans l'église de Çaro, ils ont commis une faute et causé au
sieur Habiague un préjudice moral en portant atteinte à
ses prérogatives et à son autorité aux yeux des habitants
de sa paroisse ; — Attendu, toutefois, que ce préjudice sera
suffisamment réparé par la condamnation des intimés aux
dépens de première instance et d'appel, à titre de dom-
mage-intérêts ; — Vu l'art. 130, C. pr. civ. ;

Par ces motifs : — Déclare le sieur Habiague recevable
et bien fondé dans son action tendant à la réparation du
préjudice moral qui lui a été causé par les sieurs Minhondo,
Inchauspé, Landé et Quihillalt, et à raison de leurs agisse-

ments, contraires à l'affectation exclusivement cultuelle de
l'église paroissiale de Çaro ; donne acte audit sieur Habiague
de la déclaration par lui faite qu'il entend limiter son appel
du jugement rendu, le 5 mars 1910, par le tribunal civil de
Saint-Palais, aux points qui font l'objet du présent arrêt, et
renonce à attaquer ledit jugement pour le surplus ; infirme
le jugement entrepris dans les seules dispositions qui sont
contraires à celles du présent arrêt ; condamne Minhondo,
Inchauspé, Landé et Quihillalt, conjointement et solidairement, pour tous dommages-intérêts, aux entiers dépens
de première instance et d'appel.

Ainsi, l'autorité religieuse catholique obtient
pleine satisfaction ; même en ce qui concerne l'u-
sage de l'église, qui, répétons-le, est propriété d'un
établissement laïc, la commune, il n'est pas exact
que le droit du fidèle ne soit pas inférieur à celui
du ministre du culte et, en dépit des efforts de la
majorité parlementaire de 1905, il est demeuré vrai
que l'usage collectif et public des temples catholiques ne peut se faire que sous la direction et avec le
ministère du prêtre préposé par l'évêque pour le
service de la paroisse. Si quelques paroissiens mé-
connaissent cette règle de la théologie, les tribunaux
de la République sont là pour le leur rappeler [1].

1. Nous ne résumons pas ici les raisons sociales et juridiques qui légitiment cette solution, parce que ces raisons se
trouvent naturellement exposées avec plus d'ampleur à la
fin des pages consacrées à l'étude de la troisième question.

II. La question des honoraires du prêtre. — Puisque les fidèles ne peuvent se dispenser du ministère du prêtre, lorsqu'ils souhaitent la célébration à leur profit spécial de certaines cérémonies religieuses : baptêmes, mariages, enterrements, ne faut-il pas du moins conclure que ces fidèles auront un certain droit de contrôle sur la quotité des honoraires réclamés par le desservant, en rémunération de ses services? Ne faut-il pas dire que, même en l'absence de toute exagération vexatoire, dont personne ne songe à prendre la défense, même dans le cas où le taux des honoraires réclamés demeure raisonnable et modéré, le fidèle a le droit de ne se soumettre qu'à un tarif régulièrement contrôlé par les paroissiens, et de protester contre tout tarif unilatéralement fixé par le desservant seul ?

La question fut une première fois posée à la Cour de Caen, à la suite d'un conflit entre l'abbé Bailleul et un sieur Chaplain dont la fille devait contracter mariage. Ici encore, le père de la mariée désirait que la cérémonie religieuse fût entourée d'une certaine solennité, ce à quoi l'abbé Bailleul se refusait, parce que Chaplain ne versait pas sa contribution annuelle au denier du culte.

Le curé offrit à son paroissien le choix entre deux solutions : ou bien accepter de payer un honoraire double de celui fixé par le tarif ordinaire, ou bien se contenter de la forme très simple usitée pour le mariage des indigents. Chaplain estima qu'il était victime d'un abus de pouvoir : il déposa une plainte au parquet qui fit ouvrir une instruction. L'abbé Bailleul fut poursuivi devant le tribunal correctionnel de Mortagne, comme inculpé d'avoir attenté à la liberté que possède chaque citoyen de pratiquer ou de ne pas pratiquer le culte d'une religion, délit prévu par l'article 31 de la loi de 1905[1]. Acquitté par le tribunal correctionnel, l'abbé Bailleul fut de nouveau poursuivi devant la Cour de Caen sur appel du ministère public et de nouveau fut relaxé. Le procureur général près la Cour de Caen se pourvut en cassation et, pour la troisième fois, fut battu. Voici le texte des deux arrêts :

---

1. Il convient de remarquer que c'est le parquet qui poursuit l'abbé Bailleul et non pas la prétendue victime qui, usant du droit de citation directe, traduit son adversaire devant le tribunal correctionnel. Et de même ce sera le ministère public qui fera appel devant la Cour de Caen, et lui encore qui formera le pourvoi devant la Cour suprême. Tous ces éléments de fait méritent d'être retenus. *Vide infra*, p. 180, la curieuse affaire de Mlle Etcheçaharreta.

Cour de Caen, 16 juin 1909

LA COUR ; — Attendu qu'il semble qu'une confusion se soit produite dans l'appréciation du tribunal en ce qui concerne l'objet de la menace reprochée à l'abbé Bailleul ; que si c'est à juste titre que le jugement a reconnu aux membres du clergé le droit de ne procéder aux cérémonies de leur culte que contre paiement de la taxe afférente auxdites cérémonies, telle n'est pas exactement la situation dans l'espèce ; qu'il parait, en effet, certain que les agissements de l'abbé Bailleul ont eu pour but, non d'obtenir du sieur Chaplain le paiement de la cérémonie du mariage de sa fille, mais bien le versement du denier cultuel, autrement dit sa participation aux frais du culte catholique ; — Mais attendu que, même en se plaçant à ce nouveau point de vue, il y a lieu de confirmer l'acquittement prononcé par les premiers juges ; que s'il existe bien dans l'affaire un fait de nature à obtenir d'un citoyen sa contribution à l'exercice d'un culte, ce fait ne peut constituer une menace aux termes de l'article 31 de la loi du 9 déc. 1905 ; qu'il convient, en effet, de faire une distinction entre les menaces qui peuvent avoir pour résultat un dommage physique, pécuniaire ou moral pour l'intéressé ou les membres de sa famille dans le cadre de leur vie civile ou laïque, et celles qui ne consistent que dans le refus total ou partiel de la participation aux cérémonies ou sacrements d'une Église ; — Attendu que, depuis la séparation des Églises et de l'État, l'Église catholique a, comme tout syndicat ou toute association analogue, le droit indiscutable de considérer comme étrangers et de traiter comme tels ceux qui ne contribuent pas à l'exercice de son culte. et de leur refuser les faveurs qu'elle peut accorder à ses adhérents ; que l'abbé Bailleul n'a nullement violé ces principes, sur lesquels reposent l'indépendance et le libre exercice des cultes, en mettant Chaplain en demeure de choisir entre le tarif de faveur que lui assurait sa contribution au denier du culte et le tarif double imposé aux non adhérents ; qu'il ne violentait nullement sa conscience ni sa liberté en lui laissant l'alternative d'un pareil choix ; — Mais attendu qu'élevant encore plus haut le débat, la Cour doit décider qu'une Église a, sans se rendre coupable d'une menace ou violence morale quelconque, le droit absolu de refuser tout ou partie de ses sacrements à des gens, qu'elle n'est point tenue de reconnaitre pour siens et qui se considèrent eux-mêmes comme lui étant étrangers, quelles que puissent être pour ceux-ci les conséquences ultérieures d'une situation qu'ils se sont créée à eux-mêmes en pleine connaissance de cause ; — Qu'on ne saurait enfin reprocher à l'abbé Bailleul d'avoir, par le refus total de mariage qui lui est imputé, excédé les instructions de son évêque qui doivent demeurer aussi inconnues du pouvoir civil que le culte lui-même ; que son attitude au point de vue canonique ne relève que de sa conscience et de ses chefs spirituels, et ne peut être ni appréciée, ni jugée par la juridiction civile ; — Par ces motifs, relaxe, etc.

Cour de Cassation, Chambre criminelle, 9 avril 1910.

ARRÈT (après délib. en la ch. du cons.).

LA COUR ; — Sur le moyen pris de la violation par défaut d'application de l'article 31 de la loi du 9 déc. 1905 :

— Attendu qu'il est énoncé dans l'arrêt attaqué que Chaplain étant venu demander à Bailleul, ministre du culte
catholique, de célébrer le mariage de sa fille, celui-ci lui
aurait répondu, d'après les affirmations de Chaplain, qu'il
ne pourrait pas procéder à cette cérémonie si Chaplain ne
versait pas sa contribution annuelle au denier du culte ; que.
d'après les explications fournies par Bailleul, celui-ci, sans
opposer un refus, aurait déclaré qu'à défaut du versement de
cette contribution, il devrait soit procéder au mariage dans la
forme réservée aux indigents, soit exiger un prix double de
celui fixé par le tarif ordinaire ; que l'arrêt, sans se prononcer sur le sens exact qu'il convient d'attribuer à la réponse de
Bailleul, décide que, quelle que soit la version à admettre,
il existe bien de la part du prévenu un fait de nature à déterminer un citoyen à contribuer à l'exercice d'un culte, et qui,
dans l'espèce, l'y a déterminé, mais qu'il ajoute que ce fait
n'est pas prévu par l'article 31 précité ; — Attendu, en effet
qu'un ministre d'un culte peut licitement soit refuser son ministère, soit, s'il le prête pour une cérémonie déterminée, réclamer une rémunération ; que, dans l'espèce, en subordonnant la célébration du mariage en question au versement
d'une contribution aux frais du culte, Bailleul a simplement
exigé une rémunération sous une forme spéciale ; que des
négociations de cette nature entre un ministre d'un culte et
une personne qui, de sa propre initiative, vient demander la
célébration d'une cérémonie cultuelle ne présentent pas un
caractère attentatoire à la liberté de conscience et échappent
aux prévisions de l'article 31 visé au moyen ; — D'où il suit
qu'en statuant comme il l'a fait, et en prononçant le relaxe
de Bailleul, l'arrêt attaqué a fait une exacte interprétation
dudit article de loi,... — Par ces motifs ; — Rejette.

Un conflit similaire fut soulevé devant le tribunal de Bazas, siégeant comme juge d'appel d'une
décision rendue par le juge de paix d'Auros et la
même solution a prévalu [1].

1. Tribunal civil de Bazas, 23 nov. 1907. Abbé Herbet et
Saintespès.

LE TRIBUNAL : — Attendu que, par exploit du 22 mars 1909,
l'abbé Herbet, curé desservant de la commune de Puybar-
ban, a fait citer le sieur Saintespès devant M. le juge de
paix du canton d'Auros en paiement : 1º de la somme de
34 fr. 50 cent. à laquelle se seraient élevés, à concurrence
de 22 fr. 50 cent., les frais de sépulture du sieur Dulin, son
beau-père, et à concurrence de 12 fr. ceux d'un service funèbre célébré huit jours après les obsèques ; et 2º d'une
somme de 300 fr. à titre de dommages-intérêts ; — Attendu
que, devant le magistrat cantonal, Saintespès a déclaré être
prêt à payer au demandeur la somme par lui réclamée, dé-
duction faite cependant de celle de 8 fr. comprise dans les
divers articles de la note des frais sous la rubrique : « droit
de culte » ; qu'il a soutenu qu'il ne devait pas cette somme
qui lui a été indùment réclamée ; qu'il a fait offre à la barre
de la somme de 24 fr. ; — Attendu que, par le jugement du
22 avril suivant, le juge de première instance a fait droit
aux prétentions de Saintespès, en déclarant suffisantes les
offres par lui faites au demandeur et que, moyennant le
paiement de cette somme de 24 fr., il serait valablement
libéré ; qu'il a ainsi débouté l'abbé Herbet du surplus de sa
demande et l'a condamné en tous les dépens : — Attendu
que ce dernier a interjeté appel de cette décision ; qu'à
l'appui de son appel il soutient que c'est à tort que le juge
du premier degré a réduit sa note à 24 fr., en décidant que
le droit du culte ne pouvait être réclamé ; — Attendu que
l'intimé demande la confirmation pure et simple du juge-

Ces décisions jurisprudentielles méritent une entière approbation. L'article 31 de la loi de 1905, punit « ceux qui, soit par voie de fait, violences ou menaces contre un individu, soit en lui faisant craindre de perdre son emploi ou d'exposer à un dommage, sa personne, sa famille ou sa fortune l'auront déterminé à exercer ou à s'abstenir d'exercer son culte », mais personne ici ne s'était rendu coupable de ce délit. L'ensemble des fidèles

ment entrepris ; qu'il persiste à soutenir, comme devant le premier juge, qu'il ne saurait être tenu de payer la somme de 8 fr. relative aux droits du culte ; que le demandeur ne pouvait lui réclamer que la rétribution de ses peines et soins et non lui imposer le paiement d'une somme représentative d'un droit de culte ; — Attendu, en fait, qu'il est et a toujours été reconnu par toutes les parties que Saintespès a demandé ou fait demander à l'abbé Herbet un enterrement de 2e classe pour son beau-père et la célébration d'un service funèbre de huitaine de même classe ; — Attendu qu'il n'est pas allégué par l'intimé que le prix de ces cérémonies ait été débattu au moment où elles furent demandées ou avant qu'il n'y ait été procédé ; — Attendu, dès lors, qu'il est permis de croire que Saintespès, en demandant un enterrement et un service de 2e classe, était fixé sur le prix de ces cérémonies ; qu'en faisant une pareille demande sans explication et sans observation de sa part, il acceptait implicitement de payer le prix de ces cérémonies conformément au tarif demandé ; qu'il n'est pas non plus allégué par lui que l'abbé Herbet lui ait réclamé un prix supérieur à celui généralement exigé et payé ; — Attendu, à la vérité, que Saintespès, prétend que l'un des éléments du compte qui lui a été présenté, celui relatif au droit du culte, doit être

qui souscrivent au denier du culte constitue une
association de fait à laquelle chacun est libre de
s'affilier ou de demeurer étranger, mais les catholiques qui omettent de souscrire ne sauraient s'é-
tonner du traitement différentiel qui leur est ap-
pliqué. Le desservant ne tomberait sous le coup
de l'article 31 que s'il formulait une exigence manifestement abusive ou surtout s'il la formulait

écarté comme contraire aux lois qui ont prononcé la séparation des Églises et de l'État ; qu'il est bien certain que,
s'il en était ainsi, l'article critiqué devrait être retranché
du compte dont le payement est demandé ; — Mais attendu
que la réclamation de l'abbé Hébert ne comporte rien
d'illicite ; qu'aucun texte des lois susvisées n'interdit, en
effet, aux ministres d'un culte de réclamer et de recevoir
une rétribution pour les frais du culte ; que l'art. 31 de la
loi du 9 décembre les y autorise au moins implicitement en
prohibant seulement d'obtenir une rétribution de cette nature à l'aide de certains moyens portant atteinte à la liberté
des personnes sollicitées ; — Attendu, en conséquence, qu'il
y a lieu de faire droit à l'appel interjeté ; — Attendu, en ce
qui concerne les dommages-intérêts demandés, qu'il n'est
justifié d'aucun dommage, que, dans tous les cas, l'allocation
à l'appelant des dépens à titre de dommages-intérêts cons-
tituera une réparation suffisante du préjudice causé ;

Par ces motifs ; — Dit qu'il a été mal jugé, bien appelé,
réforme le jugement dont est appel ; condamne, en conséquence, Saintespès à payer à l'abbé Herbert la somme de
34 fr. 50 cent. avec les intérêts du jour de la demande ; fait
mainlevée de l'amende consignée ; le condamne, en outre,
en tous les dépens de première instance et d'appel, lesquels
sont alloués à l'appelant à titre de dommages-intérêts.

dans le dessein de poursuivre *des fins étrangères à sa mission religieuse*. Mais, comme nous le disions dans notre note sous l'arrêt de Caen, « puisque la pensée directrice de la loi de 1905, a été, en séparant les Églises de l'État, de ramener autant que faire se pouvait les groupements cultuels dans le cadre des groupements ordinaires, on ne peut songer à refuser à ceux-là des droits universellement admis au profit de ceux-ci. Lorsqu'une société musicale, une association littéraire donnent un concert ou une représentation, personne ne trouve étrange que des places de choix, mêmes gratuites, soient réservées aux membres participants ou honoraires et qu'une rétribution, peut-être élevée, soit réclamée aux personnes étrangères ; de même un syndicat professionnel pourrait décider que l'assistance à une réunion corporative, gratuite pour les membres, serait au contraire payante pour toute personne non affiliée au syndicat. Contester ces droits équivaudrait à nier le droit d'association même, consacré par la loi de 1901. L'abbé Bailleul, au lieu de se borner à exiger une rémunération double de celle prévue au tarif ordinaire, aurait pu aussi bien tripler ou décupler le tarif ou même refuser le concours de son ministère ; tant qu'une association librement

ouverte se borne à exclure de ses services les
personnes qui refusent de s'y affilier, elle ne commet aucun des méfaits prévus par l'article 31 [1] ».

Dans les deux espèces qui viennent d'être rapportées la pénalité infligée au fidèle qui refuse de
contribuer au denier consistait en une majoration
du tarif ordinaire, mais il s'entend que d'autres
sanctions pourraient être choisies, et, pourvu
qu'elles soient conformes au droit canonique, le
fidèle qui s'en voit frappé ne saurait protester. Les
fidèles sont tenus d'accepter l'application qui leur
est faite des statuts et règles de l'Église à laquelle
ils déclarent vouloir se rattacher et aussi longtemps
qu'on ne leur applique qu'une règle effectivement
existante *et que* cette application ne leur est
faite que dans le dessein de servir les intérêts spécifiquement religieux du culte et non pas de poursuivre des fins extrareligieuses, ils doivent s'incliner et les prétoires de la République n'accueilleront pas leurs doléances.

Mais encore faut-il que ces deux conditions
soient remplies, car elles sont essentielles ; les principes les plus certains de la science juridique et
de la logique s'accordent à en imposer le respect.

____

1. *Dall. pér.* 1910.2.14.

Cependant, il est avéré aujourd'hui, comme nous
le montrerons encore par d'autres documents, que
la jurisprudence. française, si invraisemblable et
si déconcertante que puisse paraître cette attitude,
est aussi peu disposée que possible, à examiner la
légitimité des actes et des décisions des autorités
religieuses. *A priori*, elle les juge conformes au
droit canonique et inspirés par le seul souci du
bien religieux et cette propension est si nette
qu'on aperçoit difficilement comment un fidèle
réussirait aujourd'hui à convaincre un tribunal
qu'il est la victime d'une violation du droit canonique ou d'un détournement. de pouvoir. Nulle
part cette disposition n'apparaît avec plus de re-
lief que dans une affaire jugée en appel par le
tribunal civil d'Épinal.

Le point litigieux était très simple. Dans une
petite commune du département des Vosges, un
sieur Jacquemin, qui avait refusé de verser le denier du culte et professait des opinions quelque peu
anticléricales, voulait faire baptiser son enfant et
choisit pour parrain un des frères du nouveau-né.
Or, l'abbé Audisio, curé de la paroisse, pour punir son paroissien rebelle refusa de recevoir au
baptême le parrain désigné et avisa le père d'avoir
à en désigner un autre. A la suite d'incidents que

la lecture des documents fera suffisamment connaître, le juge de paix de Châtel-sur-Moselle rendit le 15 octobre 1909, le jugement suivant :

Attendu que, par jugement du 1er octobre, l'abbé Audisio a été admis à prouver les faits suivants : que Jacquemin, avisé du refus qui lui serait opposé de recevoir son jeune fils en qualité de parrain du nouveau-né, fut informé qu'il aurait à s'en procurer un autre ; — Qu'au moment du baptème, la même observation ayant été présentée, la sage-femme se disant mandataire de Jacquemin ne formula aucune observation et accepta pour parrain le bedeau se trouvant sur les lieux ; — Attendu que l'abbé Audisio n'a pas rapporté la preuve de ces faits ; — Que la plupart des témoignages recueillis sont négatifs à l'exception des premier et deuxième témoins, qui s'efforcent de justifier les exigences de l'Église sans autrement indiquer comment et dans quelles circonstances Jacquemin en aurait été avisé ; — Que si l'on prend leurs déclarations à la lettre, le jeune Jacquemin aurait reçu les instructions nécessaires, mais rien ne révèle que cet enfant, déçu dans son ravissement de jouer un rôle au cours de la cérémonie du baptème, en ait informé son père ; qu'il le pria sans doute de se rendre à la cure dans l'espoir que les choses s'arrangeraient au mieux de sa petite ambition, ce que justifie la démarche au presbytère racontée par le deuxième témoin ; qu'en dehors de cette démarche, demeurée négative, rien n'indique que Jacquemin ait connu les sentiments de l'abbé Audisio à son égard ; — Attendu que la preuve contraire des faits articulés résulte notamment de la déclaration des quatrième et cinquième

témoins de l'enquête directe, dont l'impartialité ne peut-être
suspectée ; que Jacquemin ignorait les conditions qui lui
seraient imposées ; d'autre part, que la sage-femme ne reçut
de lui aucun mandat et n'accepta en aucune manière le
parrain imposé d'office ; — Attendu que les principes posés
dans notre jugement du 1er octobre restent debout ; que si
réellement l'abbé Audisio avait le pouvoir de refuser le
baptème à l'enfant Jacquemin, il n'avait plus celui de lui
imposer d'office un parrain quelconque inconnu de la famille ; qu'il a commis un abus de droit susceptible d'entrai-
ner un dommage intérêt ;

Sur la demande reconventionnelle : — Attendu que si
l'enquête révèle une attitude et un langage incorrects à la
charge de Jacquemin, il convient d'analyser son état d'esprit au moment où, le cortège sortant de l'église, il appre-
nait la substitution commise à son préjudice ; — Attendu
que Jacquemin, d'un tempérament nerveux, n'a pu maîtri-
ser un sentiment de colère devant l'humiliation qui lui était
infligée ; qu'il a manifesté hautement son indignation, en
termes déplacés, certainement, dans la bouche de personnes
cultivées, d'un rang social élevé, mais qui lui semblaient
naturels, sans dépasser les limites de l'habitude dans son
entourage ; que, toujours animé de ce sentiment de colère,
il a revendiqué pour lui et les siens la liberté entière de
pouvoir imposer ses volontés au mépris des exigences de son
adversaire ; — Que l'incident n'est, en réalité, que la suite
naturelle des conditions du baptème, sans dépasser les termes d'une discussion animée, cependant justifiée par les
événements : — Qu'abstraction faite des circonstances au
cours desquelles l'incident est né, Jacquemin n'a pas cher-
ché à nuire aux sentiments intimes de l'abbé Audisio, de

même qu'à sa réputation ; — Attendu que l'enquête n'indique aucun acte de violence, mais simplement le geste de laisser sa main s'égarer sur l'épaule de son adversaire ; — Que ce geste ne peut être considéré comme un acte de violence occasionnant un trouble moral et physique portant préjudice, mais uniquement le résultat d'un mouvement spontané inhérent à certaines natures nerveuses ; — Que la preuve en est déduite de la déclaration du huitième témoin l'orateur socialiste-chrétien de Thaon-les-Vosges, qui atteste le calme et l'attitude digne de l'abbé Audisio, qui, certainement, n'a ressenti aucun trouble ; — Attendu, en ce qui concerne l'expression de « foireux », qu'elle trouve son excuse dans le principe même de la provocation ; qu'elle n'a été proférée ni avec préméditation, ni avec intention de nuire ; — Attendu que la personnalité de l'abbé Audisio, affranchie des passions, des misères, plane au-dessus de toutes les vicissitudes humaines ; — Que sa religion, symbole de résignation et de pardon, s'inspire avant tout de cette profonde humilité ; — celui qui est frappé à droite doit espérer le même traitement à gauche ; — Attendu que, toutes ces considérations déduites, la condamnation de l'abbé Audisio à 30 fr. de dommages-intérêts est suffisante pour indemniser Jacquemin du préjudice souffert ;

Par ces motifs ; — Condamnons l'abbé Audisio à payer sans délai à Jacquemin la somme de 30 fr. pour tous dommages-intérêts ; — Rejetons sa demande reconventionnelle et le condamnons aux dépens, liquidés à 130 fr. 05 cent., en ce non compris le coût du présent jugement et de ses suites, s'il y échet.

Sur appel de l'abbé Audisio, le tribunal civil

d'Épinal rendit le 11 mai 1910 un jugement in-
firmatif :

Le Tribunal; — Attendu que, par exploit du 12 nov. 1909,
l'abbé Audisio a fait appel d'un jugement rendu le 15 oct. 1909
par M. le juge de paix du canton de Châtel-sur-Moselle qui
a: 1° condamné l'abbé Audisio à 30 fr. de dommages-intérêts
en réparation du préjudice qu'il a causé à Jacquemin le
26 juillet 1909, alors qu'il baptisait un enfant de ce dernier
en substituant le bedeau de la paroisse au parrain désigné par
le père de famille; 2° débouté l'abbé Audisio d'une demande
de dommages-intérêts pour le préjudice que Jacquemin lui
aurait causé après le baptême par gestes et injures ; — Attendu que l'appelant prétend que, depuis les lois sur la séparation des Eglises et de l'Etat, l'Eglise catholique a le
droit de refuser à ceux qui ne contribuent pas à l'exercice
du culte les faveurs qu'elle accorde à ses adhérents ; qu'il a
usé de ce droit en n'acceptant pas pour parrain Eugène Jacquemin, fils mineur d'un homme qui ne verse pas le denier du culte et professe des opinions anticléricales ; qu'il
s'est d'ailleurs borné à appeler le bedeau pour faire les réponses liturgiques, mais sans l'imposer comme parrain ;
qu'en fait l'enfant n'a pas de parrain, mais une marraine
seulement, ce qui suffit, d'après les rites canoniques ; —
Attendu que Jacquemin soutient, d'autre part, que si le prêtre peut refuser d'administrer un sacrement, il ne saurait,
après avoir accepté de célébrer une cérémonie de son ministère, accomplir cette mission en violation de la volonté
de ceux qui la lui ont confiée et de manière à leur causer
un préjudice soit matériel, soit moral; qu'en imposant le be-

deau comme parrain d'un enfant, aux lieu et place de celui
désigné par le père de famille, alors que le choix du parrain
appartient à celui-ci et qu'il est d'usage et de tradition que
des liens quasi-familiaux soient créés entre parrain et fil-
leul, l'abbé Audisio a commis une faute engageant sa responsabilité civile ; — Attendu que les lois sur la séparation
des Eglises et de l'Etat assurent la liberté de conscience et
garantissent le libre exercice des cultes sous les seules restrictions qu'elles édictent dans l'intérêt de l'ordre public ;
qu'il s'ensuit que le prêtre, dans son ministère, applique les
règles canoniques sans autre contrôle que celui de ses supérieurs hiérarchiques, et que, si l'on n'est pas tenu de recourir à son ministère, on ne peut davantage le contraindre à
l'exercer sous condition ; — Attendu que Jacquemin pouvait
faire ou ne pas faire baptiser son enfant, mais que, s'il demandait pour lui l'octroi du baptême, il devait accepter
l'application des règles canoniques appliquées par le prêtre ;
qu'il appartenait à Jacquemin d'assister ou de se faire repré-
tenter à la cérémonie et de se refuser à son accomplissement
si quelque raison l'y décidait, mais qu'il ne saurait arguer
aujourd'hui de ce que ses intentions auraient été méconnues
par le prêtre officiant, son mandataire ; — Attendu que ce
prêtre n'est point, en effet, un mandataire agissant pour au-
trui, que c'est un ministre du culte exerçant une fonction cultuelle suivant les règles de l'Église, règles dont l'appréciation
n'appartient pas aux juridictions civiles ; — Attendu qu'il
résulte au surplus des faits de la cause que, dès la veille de
la célébration du baptême, Jacquemin avait été prévenu des
raisons pour lesquelles le parrain qu'il proposait ne serait
pas admis et qu'en faisant néanmoins procéder à la cérémonie en son absence, il a occasionné par sa faute le fait

dont il se plaint et qu'en réalité, ainsi que le tribunal l'a
constaté sur les documents produits, aucun parrain n'a été
désigné à l'enfant dans l'acte de baptème : — Attendu que,
dans ces circonstances, l'abbé Audisio n'a encouru aucune
responsabilité civile ; — Attendu, sur la demande reconventionnelle, qu'à l'issue de la cérémonie du baptème, à la sor-
tie de l'église, Jacquemin a assailli l'abbé Audisio et l'a ou-
tragé publiquement par gestes et par paroles, le traitant
notamment de « foireux » ; qu'il lui a ainsi causé un préjudice
dont il lui doit réparation ; — Attendu que pour apprécier le
quantum des dommages-intérèts à allouer à l'occasion de ce
préjudice, il y a lieu de considérer, d'une part, que Jacquemin était en proie à une véritable exaspération née de ce
qu'il prétendait qu'ayant lui-même autrefois porté la robe, il
avait des régles canoniques une connaissance personnelle
et, d'autre part, que l'abbé Audisio a déclaré à la barre
qu'il poursuivait, en exerçant son action, plutòt la volonté
de faire affirmer son droit que celle d'obtenir des répara-
rations pécuniaires et a ajouté qu'il n'aurait mème pas relevé les injures dont il avait été victime, s'il n'avait été traduit en justice par son agresseur ; — Par ces motifs ; —
Réforme le jugement entrepris et, faisant ce que le premier
juge aurait dù faire, déclare la demande de Jacquemin autant non recevable que mal fondée, l'en déboute et le condamne en tous les dépens tant de première instance que
d'appel ; recevant, au contraire, la demande reconventionnelle de l'abbé Audisio condamne Jacquemin à lui payer la
somme de 16 fr. de dommages-intérèts avec les intérèts de
droit et tous les dépens.

Bien que ces deux jugements soient très dissem-
blables par leurs conclusions, ils excitent une
égale surprise chez le lecteur attentif qui prend
la peine de les analyser. Le juge de paix de Chà-
tel-sur-Moselle doit manifestement être un homme
facétieux, mais les juges d'Épinal commettent un
étrange abus en se refusant à rechercher si l'abbé
Audisio n'a pas violé le droit canonique et en affirmant que le curé n'est soumis qu'au seul contrôle de ses supérieurs hiérarchiques. Comment ne
voient-ils pas qu'ils tendent à reconstituer un État
dans l'État, c'est-à-dire cela même que la loi
de 1905 a repoussé le plus explicitement et qu'ils
violent en outre le principe essentiel de toute association, à savoir l'obligation pour chaque mem-
bre de respecter les statuts de cette association.
Or, pour tous les groupements catholiques, les règles du droit canon sont les statuts nécessaires et,
si nos renseignements sont exacts, aucun texte du
droit canon n'autorisait l'abbé Audisio à rejeter le
jeune Jacquemin comme parrain du nouveau-né ;
cette grave faute initiale a été la seule source du
conflit et il est étrange que le tribunal vosgien ne
l'ait pas aperçue. Il l'eût certainement remarquée,
n'était cette bizarre disposition psychologique de
nos tribunaux, sur laquelle nous reviendrons plus

loin, et qui est certainement une des conséquences les plus inattendues et nous oserons dire les plus comiques de la loi de 1905.

III. LA DIRECTION DES CÉRÉMONIES RELIGIEUSES ET LE POUVOIR DE POLICE DU CURÉ. — Nous sommes ainsi naturellement amenés à l'examen de la troisième question posée. Ici la lutte a été spécialement vive, parce que l'enjeu offrait, aux yeux de la hiérarchie, un intérêt majeur et que, d'autre part, l'autorité administrative se croyait engagée d'honneur à faire prévaloir une solution opposée à celle que réclamait la hiérarchie. Sur l'ordre même du ministre des cultes[1], nous allons voir les parquets n'épargner aucun effort pour répondre au désir du Garde des Sceaux et cependant, une fois de plus, il sera attesté que les besoins réels de la vie sociale obtiennent la satisfaction qu'ils requièrent, dussent-ils pour cela triompher des résistances les plus opiniâtres.

Il faut d'abord admettre, sans discussion possible, que le prêtre desservant a seul, dans sa paroisse, la direction des cérémonies religieuses et de

---

1. Ce ministre était d'ailleurs M. Aristide Briand lui-même, le principal auteur de la loi de 1905.

l'exécution des rites sacramentaires ou liturgiques. Les non-fidèles, les dissidents n'ont certainement aucune qualité pour s'immiscer dans l'accomplissement de ces rites ou cérémonies, parce qu'en le faisant ils attenteraient à la liberté des cultes assurée et garantie par l'article 1er de la loi de 1905, et les fidèles n'en possèdent non plus aucune, parce que le titre même qu'ils se donnent et qu'ils revendiquent repousse péremptoirement le droit d'immixtion qu'ils voudraient assumer.

Il importe de ne pas se leurrer et il ne faut pas exagérer les conséquences sociales ou juridiques de l'abstention des catholiques à l'égard des associations cultuelles (loi de 1905) ou ordinaires (loi de 1901)[1]. Comme nous l'écrivions, dans une de nos notes sur le très important arrêt de la chambre criminelle de la Cour de cassation qui va être rapporté, « toute religion organisée (et personne ne niera, quelque opinion que l'on professe sur sa valeur sociale, que l'Église catholique soit une religion organisée) constitue *ipso facto* les fidèles qui y adhèrent en un groupement organique parfaitement défini, en une association pourvue de statuts, de règles de discipline. Lors donc qu'une personne

1. Cf. loi du 2 janv. 1907, article, 5, § 2.

fait profession d'adhérer à la religion catholique, apostolique et romaine, elle atteste qu'elle accepte un ensemble de dogmes et de règles disciplinaires. Parmi ces règles figure notamment la suivante : le culte est célébré publiquement, dans les églises, sous la direction du ministre régulièrement investi de pouvoirs par l'évêque, et le prêtre n'est pas seulement le président, tacitement accepté, de la cérémonie cultuelle, il accomplit une mission particulière qui suppose des pouvoirs spéciaux que l'assemblée locale des fidèles serait impuissante à lui conférer. Ce principe peut être rejeté par qui estime ne pouvoir l'admettre, et même les citoyens qui le jugent funeste à la vie sociale ou religieuse peuvent le combattre au moyen d'une propagande positive, mais il est explicitement accepté par quiconque se dit catholique, et on n'est pas libre de le rejeter et de se dire en même temps catholique [1] ».

Aussi un fidèle doit-il suivre docilement la direction rituelle et liturgique du prêtre desservant, au cours des cérémonies religieuses, sans distinction entre celles qui sont accomplies à son profit personnel, comme il arrive pour les baptêmes, les

1. *Dall. pér.* 1911.1.345.

mariages et les enterrements, et celles qui font
partie des offices ordinaires de la paroisse, réglés
par l'*ordo* diocésain. En obéissant *sur ce point* à
son curé, le fidèle est d'ailleurs assuré de ne pas
être exposé à obéir à des ordres issus de l'arbitraire ou du caprice. Le droit canonique et la liturgie ont, depuis plusieurs siècles, déterminé avec
précision et minutie les différentes parties du rituel, et le prêtre, comme le fidèle, ne font tous
deux que se conformer aux statuts d'une séculaire
association religieuse à laquelle ils ont jugé légitime de demeurer affiliés. Encore une fois, aucune
discussion n'est possible et personne ne conteste
le pouvoir spécial du desservant en matière spécifiquement spirituelle.

Mais la vie sociale, pas plus que la vie physio-
logique, n'a cure de nos sectionnements, de nos
divisions et de nos subdivisions et, à chaque pas,
elle nous montre le mélange du spirituel et du
temporel. A côté des actes techniquement ordon-
nés par le rituel, le desservant accomplit, au cours
ou à l'occasion des cérémonies religieuses, des
actes que la liturgie ne prévoit point ; et l'on s'est
demandé, depuis la loi de 1905, si les tribunaux
devaient encore leur appui à l'exercice de cette
autorité du prêtre desservant, en matière de police

intérieure des églises : répartition des sièges entre les diverses catégories de fidèles, composition du chœur des chanteuses, recrutement des enfants de chœur, sonnerie des cloches à l'occasion d'un mariage ou d'un enterrement de telle classe déterminée, etc. La solution pouvait sembler d'autant plus délicate qu'ici la technique et le détail de l'ordre donné émanent de la seule volonté de ce qui commande ; l'arbitraire et le caprice sont donc à craindre, sans parler du détournement de pouvoir toujours possible.

Heureusement, à l'occasion de la composition d'un chœur de chanteuses, la question portée devant les tribunaux a été l'objet d'un examen approfondi et le débat a eu toute l'ampleur que l'on pouvait souhaiter. L'abbé Galin, curé desservant de la paroisse de Commensac, arrondissement de Mont-de-Marsan, avait organisé dans son église un chœur de chanteuses dont il avait confié la direction à Mademoiselle Etcheçaharreta, « trente-huit ans, sans profession, demeurant dans la commune », nous disent les renseignements judiciaires. Le jour de la Pentecôte 1908, la directrice du chœur notifia à une jeune fille du pays, Jeanne Duvergé (dix-huit ans), qu'elle ne pourrait plus l'admettre au chœur des chanteuses, parce qu'elle n'assistait

plus régulièrement aux répétitions et aux offices
et ne remplissait plus ses devoirs religieux. Malgré cette observation, la jeune fille exclue persista
à venir plusieurs dimanches de suite prendre place
sur les bancs réservés aux chanteuses, dans la
nef principale, à côté de la chaire, et sur l'injonction qui lui fut faite par la demoiselle Etcheçaharreta d'aller s'asseoir ailleurs, elle répondit que
« les bancs n'appartenaient pas à Mademoiselle Etcheçaharreta », qu'elle avait le droit d'y rester
comme les autres et qu'elle ne partirait pas.
Jeanne Duvergé a même prétendu qu'un dimanche,
et sur son refus de quitter sa place, Léontine Etcheçaharreta l'aurait saisie par sa jupe pour la
faire sortir, et le geste aurait été exécuté « avec
une brutalité qui lui aurait causé un certain désordre de toilette ».

Décidée à faire cesser cet état de choses, la
directrice du chant prévint le curé, qui l'invita à
l'aviser si un nouveau refus de quitter sa place lui
était opposé par Jeanne Duvergé. Le 1er nov. 1908,
jour de la Toussaint, celle-ci vint, suivant son habitude, se placer au banc des chanteuses, et refusa
de le quitter ; aussi la demoiselle Etcheçaharreta fit
prévenir de ce refus l'abbé Galin qui officiait à l'autel. Celui-ci, interrompant la messe, se tourna vers

Jeanne Duvergé, en l'invitant à quitter une place qui n'était pas la sienne. Jeanne Duvergé répliqua à l'abbé Galin qu'elle ne sortirait pas, qu'elle resterait malgré lui, qu'il n'était qu'un étranger, et qu'elle avait autant de droits que lui dans son église ; le curé déclara qu'il ne pouvait pas, dans ces conditions, continuer l'office, s'assit devant l'autel et envoya chercher le maire. Ce dernier arriva une demi-heure après, et insista vainement auprès de la jeune fille pour la déterminer à obéir à l'injonction du curé. Il dut en fin de compte se retirer, en déclarant qu'il allait prévenir la gendarmerie et aviser le parquet de l'incident. L'office resta encore suspendu pendant près d'une heure ; enfin, vers une heure et demie, la gendarmerie n'arrivant pas et Jeanne Duvergé persistant à ne pas abandonner sa place, le prêtre quitta l'autel sans avoir célébré la messe, et les fidèles se retirèrent.

On pouvait penser que Mademoiselle Jeanne Duvergé, *si le motif allégué pour son exclusion du chœur des chanteuses était exact et bien fondé*, avait par son attitude troublé la piété des fidèles au cours d'une cérémonie et que, par suite, l'article 31 de la loi de 1905 lui était applicable. Le père de Mademoiselle Duvergé jugea les choses d'un autre point de vue et il adressa le 19 novembre 1908 au ministre des cultes une plainte contre l'abbé Galin. Loin de classer la plainte, le gouvernement s'empressa de l'accueillir et donna l'ordre au procureur de la République de Mont-de-Marsan de poursuivre l'abbé Galin pour atteinte à la liberté des cultes, délit prévu par l'article 31 de la loi de 1905. Sur réquisition du Procureur, le juge d'instruction de Mont-de-Marsan ouvrit en effet, le 7 janvier 1909, une information qui se termina par une ordonnance déclarant n'y avoir lieu à suivre contre l'abbé Galin et Léontine Etcheçaharreta, du chef de l'article 31 précité, et renvoyant cette dernière devant le tribunal de simple police pour contravention à l'article 605 de la loi du 3 brumaire an IV [1]. *Le même jour*, le Procureur de la République fit opposition à cette ordonnance et saisit la Chambre des mises en accusation de la Cour de Pau qui statua, le 6 mars 1909, dans les termes suivants :

« Attendu qu'il n'est pas douteux que l'exercice du culte a pour conséquence l'attribution aux curés et desservants de la police intérieure des temples, qu'il appartient en effet à ces derniers de déterminer les heures des offices et cérémonies, d'organiser les services religieux, d'en

1. *Dall. pér.* 1909.1.1.

régler la tenue et de prendre par suite les mesures et les
dispositions propres à garantir le bon ordre dans les
églises ;

Attendu que.   (suit l'exposé des faits) ;

Attendu, en ce qui touche l'abbé Galin, que la simple
lecture des pièces de la procédure suffit à démontrer qu'il
n'a jamais eu recours à la violence ou à la menace à l'égard
de Jeanne Duvergé, qu'il est certain qu'il s'est toujours
borné à adresser à cette jeune fille des exhortations dont
elle s'est obstinée d'ailleurs à ne tenir aucun compte ;

Attendu, d'ailleurs, qu'il n'est pas possible d'admettre que
l'abbé Galin ait eu, à un moment quelconque, l'intention
coupable de déterminer Jeanne Duvergé à s'abstenir
d'exercer un culte auquel il est lui-même sincèrement
attaché et qu'il n'est pas téméraire d'affirmer que seule
l'obstination de cette dernière de prendre place sur des
bancs spécialement réservés aux chanteuses a eu pour
effet d'empêcher l'inculpé de célébrer la messe :

Attendu que la prévention n'est pas mieux fondée en ce
qui concerne Léontine Etchegaharreta... :

Par ces motifs ; — Confirme [1]...

Ainsi, en termes non équivoques, la Cour de
Pau proclamait que l'exercice du culte a pour
conséquence nécessaire l'attribution aux curés et
aux desservants de la *police intérieure* des temples
et que, par suite, les prêtres pouvaient « prendre

1. *D. P*, 1909.2.205.

les mesures et les dispositions propres à garantir le bon ordre dans les églises ». La lecture de cet arrêt dut certainement laisser à M. le Garde des Sceaux, ministre de la justice et des cultes, une très pénible surprise : avoir dépensé tant d'efforts et de labeur pour séparer les Églises de l'Etat, et aboutir à ce qu'une magistrature, dont la fidélité aux institutions républicaines est cependant incontestable, reconnaisse aux desservants un droit de police intérieure dans les églises ! En vérité le coup était rude. Aussi M. le Garde des Sceaux, qui connaissait mieux encore la particulière fidélité aux institutions républicaines de la Chambre criminelle de la Cour de cassation, jugea-t-il opportun de transmettre à M. le Procureur général près la Cour de Cassation l'ordre de requérir dans l'intérêt de la loi et par application de l'article 441 du Code d'instruction criminelle, l'annulation de deux motifs de l'arrêt de la Cour de Pau. Voici le texte même de la lettre de M. le Garde des Sceaux, en date du 5 juin 1909 :

J'ai l'honneur de vous transmettre, avec le dossier de la procédure, une expédition d'un arrêt de la Cour d'appel de Pau, chambre des mises en accusation, en date du 6 mars 1909, qui a confirmé une ordonnance du juge d'instruction de Mont-de-Marsan et déclaré n'y avoir lieu à suivre contre les nommés : 1° Galin (Adrien), ministre du culte catholique à Commensacq ; 5° Etchegaharreta (Léontine), poursuivis sous l'inculpation d'entraves à l'exercice du culte, par application de l'art. 31 de la loi du 9 déc. 1905. Cet arrêt, à raison des considérations de fait sur lesquelles il s'appuie, me paraît, quant au fond, échapper au contrôle de la Cour suprême. Mais je relève dans le second et le troisième attendus de l'arrêt des déclarations de principe qui me semblent contraires à la loi. « Il n'est pas douteux, affirme la Cour dans le deuxième attendu, que l'exercice du culte a pour conséquence nécessaire l'attribution aux curés et desservants de la police intérieure des temples ; il appartient en effet à ces derniers... de prendre les dispositions propres à garantir le bon ordre dans les églises ». Cette théorie est la négation de l'état de droit résultant du refus des ministres du culte catholique d'accepter aucun des régimes prévus par la loi du 9 déc. 1905 et les lois subséquentes sur l'exercice des cultes. Les ministres du culte catholique, alors même qu'ils ont été investis par l'évêque du titre de « curé » ou « desservant », ne sont dans les églises que de simples occupants sans titre juridique, n'ayant pas légalement d'autres droits que les fidèles, et ne jouissant pas, par conséquent, à l'égard des fidèles, d'un pouvoir de police qui supposerait une autorité légale. Les attributions des ministres du culte sont d'ordre exclusivement spirituel et si, à cet égard, elle peuvent comporter la détermination des heures des offices et cérémonies et l'organisation des services religieux, elles ne sauraient s'étendre à l'exercice de la police qui ne relève, en l'état actuel des choses, que de l'autorité civile (L. 5 avril 1884, art. 97-3°). Le troisième attendu porte : « L'abbé Galin avait, en sa qualité de desservant de la commune de Commensacq, institué dans sa paroisse un chœur de chanteuses dont il avait confié la direction à Léontine Etcheçaharreta et réservé, ainsi que c'était son droit, à ces jeunes filles par lui choisies, des places sur des bancs disposés dans le nef principale à côté de la chaire ». Ainsi, la Cour d'appel a admis que certaines prérogatives découlaient de plein droit ·pour l'abbé Galin de sa qualité de desservant de la commune de Commensacq. Or la qualité de « curé » ou de « desservant » n'est plus présentement qu'un fait duquel ne peuvent découler des facultés légales. Sinon l'on ressusciterait des titres ecclésiastiques qui n'ont plus d'existence depuis la loi du 9 déc. 1905, et l'œuvre de la séparation se trouverait virtuellement anéantie. Je vous charge, en conséquence, conformément à l'art. 441, C. instr. crim., de dénoncer à la Cour de cassation les deux motifs précités de l'arrêt de la Cour de Pau et d'en requérir l'annulation dans la mesure ci-dessus spécifiée.

Signé : A. BRIAND.

Obéissant à l'ordre de son chef, M. le Procureur général Baudouin se pourvut devant la Cour suprème, qui entendit un très complet et très savant rapport de M. le conseiller Mercier [1] dans lequel la doctrine de la Cour de Pau était hautement approuvée et défendue.

---

1. Les parties principales de ce long rapport ont été reproduites dans *Dall. pér.*, 1911 1.345. Après avoir montré comment le refus des ministres du culte de constituer aucune association cultuelle n'exerçait aucune influence sur

Le 1ᵉʳ déc. 1910, la Cour de cassation rendit
l'arrêt suivant :

Lᴀ Cᴏᴜʀ ; — Vu la dépêche de M. le garde des sceaux
en date du 5 juin 1909, et la requête de M. le procureur
général du 30 du même mois, ensemble les art, 441 C. instr.
crim. —, 1 et 2 de la loi du 9 déc. 1905 et 5 de la loi
du 2 janv. 1907 ; — Après en avoir délibéré en la chambre
du conseil ; — Attendu que Galin, ministre du culte catholique à Commensacq, et Léontine Etcheçaharreta étaient
inculpés d'infraction à l'art. 31 de la loi du 9 déc. 1905 ;
qu'en rejetant comme non fondée l'opposition formée par
le procureur de la République de Mont-de-Marsan à l'or-

l'étendue de leurs droits, M. le conseiller Mercier expose
que « les ministres du culte catholique puisent leur droit
de police dans les églises de ce principe supérieur que l'État
garantit le libre exercice des cultes, principe affirmé et expliqué avec une si grande netteté par les auteurs de la loi
de séparation. Les pouvoirs de police dans notre opinion en
découlent nécessairement, car il n'est pas possible de concevoir le culte catholique s'exerçant librement dans ses
manifestations à l'intérieur des temples, si l'on dépouille
le prêtre de l'autorité et des attributions indispensables
pour cet exercice ». M. le rapporteur admet même que le
pouvoir de police du prêtre existe « partout où s'exerce le
culte, aussi bien dans les manifestations intérieures qu'extérieures, et, par exemple, dans une procession ». A la fin
de son rapport, M. le conseiller Mercier signalait au contraire qu'il y avait lieu d'accueillir « la critique du pourvoi
portant sur une certaine terminologie et un motif de l'arrêt ». L'abbé Galin n'aurait pas dû être qualifié desservant
de la commune de Commensacq.

donnance de non lieu rendue par le juge d'instruction au profit des susnommés, la cour d'appel de Pau a inséré dans son arrêt les deux motifs suivants : « Attendu qu'il n'est pas douteux que l'exercice du culte a pour conséquence nécessaire l'attribution aux curés et desservants de la police intérieure des temples ; qu'il appartient, en effet, à ces derniers de déterminer les heures des offices et cérémonies, d'organiser les services religieux, d'en régler la tenue et de prendre, par suite, les mesures et les dispositious propres à garantir le bon ordre dans les églises ; — Attendu que l'abbé Galin avait, en sa qualité de desservant de la commune de Commensacq, institué dans sa paroisse un chœur de chanteuses dont il avait confié la direction à Léontine Etcheçaharreta, et réservé, ainsi que c'était son droit, à ces jeunes filles par lui choisies, des places sur des bancs disposés dans la nef principale, à côté de la chaire » ; — Attendu que l'annulation de ces motifs est demandée par le pourvoi d'après lequel : « Les ministres du culte catholique ne sont plus dans les églises que de simples occupants sans titre juridique, n'ayant pas légalement d'autres droits que les fidèles, et ne jouissant pas, par conséquent, à l'égard desdits fidèles, d'un pouvoir de police qui supposerait une autorité légale » ; — Que le pourvoi ajoute que les attributions des ministres du culte sont d'ordre exclusivement spirituel, et que, si elles peuvent comporter l'organisation des services religieux, elles ne sauraient s'étendre à l'exercice de la police, qui ne relève, en l'état actuel des choses, que de l'autorité civile (Loi du 5 avr. 1884, art. 97-3°) ; — Attendu qu'aux termes de l'art. 1er de la loi du 9 déc. 1905 : « La République assure la liberté de conscience. Elle garantit le libre exercice des cultes sous les seules restrictions édictées ci-après dans l'intérêt de l'ordre public » ; — Que, d'autre part, l'art. 5 de la loi du 2 janv. 1907 déclare que : « A défaut d'associations cultuelles, les édifices affectés à l'exercice du culte, ainsi que les meubles les garnissant continueront, sauf désaffectation dans les cas prévus par la loi du 9 déc. 1905, à être laissés à la disposition des fidèles et des ministres du culte pour la pratique de leur religion » ; — Attendu qu'en vertu et par une conséquence naturelle de ces dispositions de lois, les ministres du culte catholique possèdent tous les droits qui leur sont nécessaires pour assurer le libre exercice de culte dans les lieux où il est pratiqué ; que dans cette limite, et sous les réserves spécifiées par la loi dans l'intérêt de l'ordre public, ils exercent seuls les droits en question, et que, en ce qui touche les mesures exclusivement nécessitées par l'exercice du culte, l'autorité municipale ne saurait user d'un droit de réglementation qu'aucun texte de la législation précitée ne lui attribue, et que ne lui confère pas l'art. 97-3° de la loi du 5 avr. 1884 ; — Attendu qu'il n'apparait pas que la Cour de Pau ait entendu dans un sens différent de ce qui précède les expressions employées par elle de « police intérieure des temples », lorsqu'elle a reconnu à Galin, en sa qualité de ministre exerçant le culte catholique à Commensacq, le droit d'organiser dans l'église de cette commune un chœur de chanteuses et de lui assigner une place réservée dans ladite église : — Attendu, toutefois, qu'aux termes de l'art. 2 de la loi du 9 déc. 1905, la République ne reconnaît aucun culte ; qu'en qualifiant les ministres du culte catholique de « curés » et « desservants », et Galin de « desservant de la commune de Commensacq », et en rattachant à ces titres les droits qui appartiennent aux ministres dudit culte en cette seule qualité, l'arrêt attaqué a méconnu la disposition de la loi précitée ;

Par ces motifs ; — Casse et annule, dans l'intérêt de la loi, les motifs sus-énoncés de l'arrêt de la Cour d'appel de Pau, en date du 6 mars 1909, mais seulement en tant que cet arrêt a qualifié les ministres du culte catholique de curés et desservants et Galin de desservant de la commune de Commensacq, et a rattaché à ces titres les droits qui appartiennent aux ministres du culte.

Ainsi, la Cour suprême reconnaît à son tour le droit de police intérieure des ministres du culte catholique et elle affirme de sa haute autorité que ceux-ci « possèdent tous les droits qui leur sont nécessaires pour assurer le libre exercice de ce culte dans les lieux où il est pratiqué ». Pas plus devant la Cour de cassation que devant la Cour de Pau ou le juge d'instruction de Mont-de-Marsan, l'autorité administrative n'a pu faire triompher une doctrine à laquelle elle était cependant très attachée ; elle n'a obtenu que la dérisoire satisfaction d'une correction verbale que nous ne voulons pas croire réclamée par les exigences de l'orthodoxie laïque et qui rappelle fâcheusement les facétieuses formalités signalées par Racine pour la plus grande joie de ses contemporains.

Cet arrêt de la Chambre criminelle, universelle-

ment approuvé, *comme toutes les décisions judiciaires rapportées dans ces pages*, par les juristes
et les arrêtistes, a fixé définitivement la jurisprudence ; d'ailleurs il est si manifestement conforme
aux exigences sociales et juridiques que, sans attendre de le connaître, d'autres tribunaux n'avaient
pas hésité à sanctionner de semblable manière les
pouvoirs de direction et de police du prêtre à l'égard
des fidèles [1].

1. L'abbé Haran, desservant de la paroisse d'Osserain
(Basses-Pyrénées), ayant affecté dans l'église des places spéciales et différentes aux enfants de l'école libre de filles et
aux enfants de l'école publique mixte, le maire de la commune, M. Minvielle, donna l'ordre à sa fille, fréquentant
l'école publique, d'aller s'asseoir sur les bancs réservés aux
enfants de l'école libre. Le curé prit, à l'église, l'enfant par
le bras pour la faire changer de place. Insulté sur la voie
publique, après la messe, par le maire, il a assigné celui-ci
devant le tribunal correctionnel pour délit d'injures publiquement proférées.

Le 17 décembre 1909, le tribunal correctionnel de Saint-
Palais a rendu le jugement suivant :

Le Tribunal ; — Attendu que l'abbé Haran, se prétendant
injurié par certains propos tenus dans le courant de juin
1909, par Pierre Minvielle, d'Osserain, a assigné celui-ci
devant le tribunal séant ; — Attendu qu'il résulte de l'enquête édifiée en conformité du jugement du 6 août dernier,
que le dimanche 6 juin 1909, dans la matinée, au moment
où il venait de célébrer la messe, l'abbé Haran, qui se trouvait devant le portillon de son presbytère, fut interpellé par
Minvielle qui, en gesticulant, lui dit : « Nous savons qui vous
êtes, un rien du tout, un parasite, une canaille », qu'en se

Ces décisions judiciaires montrent que, jusque
dans le détail menu et concret des conflits de la

retirant, il ajouta en patois : « *salop lou dui ès* » (salaud que
vous êtes) ; — Attendu que Minvielle soutient que, s'il a prononcé ces paroles, c'est sous le coup d'une violente colère et
prétend qu'il a été provoqué ; — Attendu que la provocation, aux termes d'une jurisprudence constante, doit s'entendre de tout acte ou de toute parole de nature à blesser
une personne et à expliquer ou justifier les propos injurieux
qui lui sont reprochés ; — Attendu, dans l'espèce, que le
simple fait de l'abbé Haran d'avoir un dimanche, à l'église
d'Osserain, pris par le bras la fille de Minvielle pour la faire
changer de place ne saurait en aucune façon constituer de
sa part une provocation et expliquer les propos grossiers
employés par le père de celle-ci ; que l'abbé Haran paraît
avoir agi dans l'intérêt du bon ordre et de la régularité des
offices, car, ayant la jouissance de l'église, il estime à bon
droit qu'il doit avoir également la police intérieure de cet
édifice ; — Attendu, dans cet état des faits, que les propos
ci-dessus relatés constituent bien des expressions outra-
geantes, des termes de mépris, des injures adressées publiquement à l'abbé Haran, sans provocation de la part de celui-ci ; qu'ils sont de nature à le discréditer dans la commune et à lui faire perdre l'estime de ses concitoyens ; —
Attendu, en conséquence, qu'il y a lieu de faire application
à Minvielle des art. 29, § 2, 33, § 2 de la loi du 29 juill. 1881
sur la liberté de la presse ; — Mais attendu que Minvielle
n'a jamais été condamné, qu'il y a lieu de le faire bénéficier
des dispositions bienveillantes de la loi du 26 mars 1891 :
Par ces motifs, le tribunal déclare Pierre Minvielle con-
vaincu d'avoir à Osserain, le 6 juin 1909, publiquement injurié l'abbé Haran et, lui faisant application des articles de
la loi précités dont lecture a été donnée à l'audience, le
condamne à la peine de 16 fr. d'amende ; le condamne aux
dépens ; fixe au minimum la durée de la contrainte par corps

vie pratique, les tribunaux français sanctionnent
aujourd'hui les droits de direction et de police

s'il y a lieu de l'exercer ; dit qu'il sera sursis à l'exécution
de la peine en ce qui concerne l'amende infligée ; et, statuant sur la demande en dommages-intérêts, condamne Minvielle à payer à l'abbé Haran la somme de 1 fr.

Voici enfin un troisième jugement statuant sur une espèce
qui n'est pas non plus exempte de gaieté, puisqu'elle nous
montre des paroissiens « malins » qui croyaient avoir réussi
à faire rehausser gratuitement de la pompe d'un carillon la
solennité de leurs baptêmes, mariages et enterrements ; le
tribunal civil de Parthenay déclare que ces actes constituent un empiétement des fidèles sur les droits du prêtre
(Jugement du 21 juin 1910).

Le Tribunal ; — Attendu que Martineau, curé de l'église de
Saint-Jouin-de Marnes a, par exploit de Frémont, huissier à
Saint-Jouin-de-Marnes, en date du 21 mars 1910, cité Moinard devant le tribunal de céans, à l'effet de s'entendre
faire défense de porter atteinte au droit de jouissance qui
résulte de la loi à son profit sur l'église de Saint-Jouin-de-
Marnes et les meubles la garnissant et pour l'avoir fait, se
voir condamner à lui payer une somme de 2.000 fr. de dommages-intérêts ; — Attendu que les atteintes à son droit résultent, prétend-il, de ce qu'à plusieurs reprises et notamment les 18 juil. 1908, 29 nov. 1908, 25 fév. 1909 et 13 août 1909,
Moinard s'est introduit dans le clocher de l'église et a fait
bruyamment sonner les cloches malgré la volonté du curé ;
— Attendu que Moinard ne méconnaît pas qu'aux dates in-
diquées il a lui-même tiré les cloches et exécuté les sonneries dont Martineau lui fait grief ; mais il soutient qu'en
agissant ainsi il n'a fait qu'user de son droit, puisque ces
sonneries avaient été précédées des cérémonies religieuses

que l'Église revendique au profit de ses ministres sur les simples fidèles. Cette solution, qui paraîtra

auxquelles elles se rapportaient, qu'elles avaient pour but de compléter ; qu'au surplus il n'a fait qu'obéir aux ordres qui lui étaient donnés par les fidèles qui réclamaient l'usage de ces cloches comme complément de la cérémonie religieuse que Martineau devait accomplir pour leur compte et ce, conformément aux usages existants de temps immémorial en pareil cas ; qu'il invoque à l'appui de sa prétention l'art. 5 de la loi du 2 janv. 1907, aux termes duquel, à défaut d'associations cultuelles, les édifices affectés à l'exercice du culte ainsi que les meubles les garnissant continuent, sauf désaffectation dans les cas prévus par la loi du 9 déc. 1905, à être laissés à la disposition des fidèles et du ministre du culte pour pratiquer leur religion ; d'où la conséquence, ajoute Moinard, que les fidèles qui participaient à une cérémonie religieuse devaient avoir les cloches à leur disposition ; — Mais attendu qu'il est reconnu par la jurisprudence que l'exercice des cultes a pour conséquence l'attribution aux ministres des cultes de la police intérieure des édifices affectés aux cultes, dans les termes de l'art. 5 de la loi du 2 janv. 1907; que ce droit de police intérieure leur confère évidemment le droit d'organiser des cérémonies religieuses, d'en régler la tenue et de les accomplir suivant les rites du culte qui lui est propre ; que les sonneries de cloches exécutées à l'occasion d'une cérémonie cultuelle font évidemment partie intégrante de cette cérémonie, dont elles ont pour but, d'après un usage constant et certain, de marquer les phases différentes et qu'en conséquence le ministre du culte, en l'espèce le culte catholique (cette qualité n'étant pas contestée à Martineau), est seul juge de savoir si, suivant des cas déterminés que le tribunal n'a pas à apprécier, les sonneries des cloches doivent ou non s'exécuter à l'occasion d'une cérémonie qu'il vient d'accomplir ; — Attendu qu'il ne saurait être méconnu que le fait, de la part de Moinard,

inattendue à quelques personnes, est d'ailleurs
la seule que puisse admettre la logique des forces
sociales. Sans doute, la loi de 1905 a cru et voulu
mettre sur le même plan l'évêque, le prêtre et le
fidèle, mais comme ce dessein était irréalisable, il
a suffi au fait social de s'appuyer sur l'article 1ᵉʳ et
primordial de cette même loi pour en assurer
l'échec. Comme nous l'avons dit, les membres de
l'Église, quelle que soit leur qualité, sont *ipso*

d'avoir, à l'occasion d'une cérémonie cultuelle, malgré la
volonté de Martineau, qui seul dans ce cas, aux termes de
l'art. 5 de la loi du 2 janv. 1907, avait le droit d'en disposer, fait usage des cloches de l'église de Saint-Jouin-de-Marnes, constitue une atteinte à la possession de fait qu'avait
à ce moment sur ces cloches le curé de ladite église ; qu'il
est donc incontestable que si ces actes de Moinard n'ont
causé à Martineau aucun préjudice matériel, ce dernier a
éprouvé tout au moins un préjudice moral suffisant pour
motiver sa demande en dommages-intérêts ; que le tribunal
possède les éléments nécessaires pour l'apprécier, et qu'il
estime que la condamnation de Moinard aux dépens consti-
tuera une réparation suffisante ; — Par ces motifs, dit que
c'est abusivement et sans droit que Moinard a fait usage des
cloches de l'église de Saint-Jouin-de-Marnes les 18 juil. 1908,
28 nov. 1908, 23 févr. et 18 août 1909 ; lui fait défense à l'avenir de porter atteinte au droit de jouissance sur ces cloches résultant pour Martineau, en qualité de curé de ladite
église, de l'art. 5 de la loi du 2 janv. 1907 ; en conséquence,
condamne Moinard, à titre de dommages-intérêts envers
Martineau, en tous les frais et dépens de l'instance ; rejette
comme inutiles, non recevables ou non fondés, tous autres
chefs de demandes ou de conclusions.

facto les membres d'une assemblée qui n'est ni une tourbe, ni une cohue, mais au contraire un groupement organique dont les constitutions, maintes fois revisées sur leurs points secondaires, comptent parmi les plus anciennes et les plus fermes que connaissent les sociétés humaines ; donc tout fidèle qui s'autorise des textes des lois de 1905 et de 1907 lui reconnaissant un droit propre à la jouissance des temples, pour méconnaître *à priori* l'autorité et les pouvoirs de direction et de police du pape, des évêques et des prêtres, s'expose nécessairement à une contradiction que ces mêmes lois seront les premières à lui reprocher.

Un dilemme inexorable guette le rebelle : se dit-il « fidèle », il accepte donc une discipline ; se dit-il non fidèle, étranger au culte, il reconnaît par là même qu'il n'a aucun droit à la jouissance de l'édifice cultuel, puisque cette jouissance est *exclusivement* réservée aux ministres du culte et aux fidèles. Aucune autre alternative ne lui est ouverte, *à moins que* le desservant n'ait dépassé son pouvoir ou ne l'ait utilisé au profit de fins extrareligieuses. En cas d'excès ou de détournement de pouvoir, le fidèle n'est pas désarmé : deux recours lui sont ouverts, l'un, d'ordre exclusive-

ment religieux, devant les tribunaux ecclésiastiques ; l'autre, d'ordre civil, qui se fonde sur l'art. 1er
de la loi du 9 décembre 1905 : « la République
assure la liberté de conscience. Elle garantit le
libre exercice des cultes, sous les seules restrictions édictées ci-après dans l'intérêt de l'ordre
public ». Ceux qui ont voté cette disposition et
les divers articles qui en sont le corollaire ont-ils
mesuré toute la portée du texte qu'ils adoptaient ?
Dans leur pensée, ils voulaient surtout viser les
« non fidèles » en tant qu'ils auraient molesté ou
inquiété les « fidèles » ; mais la logique implacable
des réalités sociales a éliminé ces sectionnements
subtils : un *fidèle*, qui se révolte sur un point,
devient pour un moment un *non fidèle*, et, comme
son opposition n'est pas moins redoutable que celle
d'un étranger au culte, l'art. 1er se dresse aussi
devant lui pour l'arrêter. « La République assure...., la République garantit le libre exercice
des cultes ». Tout fidèle, molesté par une personne
quelconque, fidèle ou non fidèle, dans le libre
exercice de son culte, suivant les règles, les préceptes et les rites de ce culte, a le droit de s'adresser aux tribunaux pour demander assistance et
protection. *Ipso facto*, les règles et les rites de
chaque culte se trouvent placés sous la protection

de la loi, en ce sens que la loi vient au secours de quiconque, désirant observer ces règles et accomplir ces rites, en serait empêché par l'intervention d'une autre personne. Non pas certes que la loi reconnaisse en soi le culte catholique et ses dogmes mais, ici comme partout, les clauses tacites ou expresses des contrats font la loi des parties (art. 1134, C. civ.) On est libre d'adhérer ou de ne pas adhérer à l'Église catholique, mais on n'est pas libre, y ayant adhéré, de rejeter les principes essentiels de sa vie organique, et dès lors, ceux-ci tacitement acceptés produisent vis-à-vis de chacun des membres de cette Église la plénitude de leurs effets légaux.

Cette théorie juridique, bien connue des juristes, laisse, il est vrai, en dehors de son atteinte, les non fidèles, dissidents ou incroyants, étrangers au groupement religieux, qui seraient accidentellement témoins ou spectateurs d'une cérémonie cultuelle. Mais à ceux-là s'appliquent la théorie des réunions publiques et la deuxième branche du dilemme rappelé précédemment. On n'a pas assez remarqué, lors de la confection de la loi, que les groupements de fidèles d'un culte déterminé se distinguent, par un trait particulier, de toutes les autres associations : comme leur but unique est

de rendre à la Divinité un culte public, il arrive
que ces groupements ne tiennent jamais que des
réunions publiques. Ici, point d'assemblée privée,
point de délibération en comité fermé ; toute personne, même non affiliée au groupement, est
invitée à assister à la cérémonie religieuse et les
portes de l'église sont largement ouvertes. Aussi,
ce lieu de culte devient-il ce que les juristes
appellent un lieu public et la réunion qui s'y tient
une réunion publique. Mais alors, comme en aucun pays civilisé il n'est admis que les réunions
publiques puissent être librement troublées, il
advient que les conflits entre les directeurs ou or-
ganisateurs, dans l'espèce le ministre du culte, et
les assistants, fidèles ou non fidèles, prennent
aussitôt un caractère nouveau : ce ne sont plus
seulement des litiges d'ordre privé, n'intéressant
que les parties en présence, mais des conflits engageant l'ordre public ; par suite la police administrative doit intervenir sans retard pour réprimer
le trouble. A son tour, cette conséquence en en-
gendre une autre : avant de réprimer un trouble,
il faut s'enquérir de sa nature et rechercher qui
des deux adversaires est le perturbateur ; voici
donc l'autorité administrative inévitablement
amenée à se renseigner sur le sens et la nature

des règles admises par la réunion cultuelle et mise en demeure de les prendre sous sa protection, *sans préjudice des pénalités qui atteindront ultérieurement le perturbateur de la réunion publique.*

Ainsi, par le biais des doctrines sociales et juridiques applicables aux réunions publiques [1], les cérémonies religieuses des différents cultes rejoignent le domaine du droit administratif et du droit pénal. On avait voulu mettre le ministre du culte au rang des simples personnes privées, et on croyait y être parvenu en abolissant les textes qui le revêtaient d'un caractère officiel; mais d'autres forces sociales tendent à lui restituer une dignité sensiblement égale à celle dont il bénéficiait auparavant : il ne peut plus mettre la force publique en mouvement par voie de réquisition,

---

1. Ces doctrines trouvent une application quotidienne dans les cas de représentations théâtrales, de concerts ou de conférences : les discussions entre les directeurs et les spectateurs ou auditeurs prennent aussitôt une ampleur et une valeur particulières; le débat ne reste jamais une simple querelle privée, parce que d'autres spectateurs, d'autres auditeurs sont là, par centaines ou par milliers, qui ont le droit acquis de jouir paisiblement du spectacle ou de l'audition. Inévitablement, la police administrative se trouve mêlée au débat, et assure le bon ordre dans la salle, et cependant ce directeur de théâtre n'est, lui aussi, qu'une personne privée, dépourvue de toute qualité officielle.

mais il est toujours le chef reconnu d'un groupement qui veut obéir à sa direction et le président d'une réunion publique qui doit se poursuivre dans l'ordre et la paix. A ce double titre, le pouvoir social doit fournir à son autorité un très large concours ; bien plus, dès qu'elle constate un trouble de quelque gravité, l'autorité administrative doit *proprio motu* se mettre en mouvement. Si elle négligeait de le faire, elle commettrait une faute très grave dont elle serait elle-même une des premières victimes, puisqu'elle prononcerait sa propre déchéance : les bons citoyens sauraient qu'ils n'ont plus qu'à compter sur eux-mêmes pour le maintien de l'ordre.

Au cours de ces différentes observations, nous avons toujours supposé que le conflit s'était élevé entre une personne de la paroisse et le curé, et ce sera effectivement le cas le plus ordinaire ; mais les mêmes principes s'appliqueraient au cas où un litige surgirait entre un prêtre et un évêque, ou entre un évêque et le pape. Cette dernière hypothèse est extrêmement invraisemblable, mais les plus ardents parmi les libres penseurs ne doivent garder aucune illusion : si jamais un évêque de France cessait d'être en communion avec l'évêque de

Rome, pontife souverain, les tribunaux de la République ne pourraient, sous l'empire de la législation actuelle, éprouver le moindre doute. Sans hésitation possible, l'appui de leurs décisions serait acquis au successeur que le pape aurait désigné pour remplacer l'évêque indocile, et, au besoin, la force matérielle de nos agents de police, de nos gendarmes et de nos régiments serait mise au service du nouvel élu, pour assurer sa jouissance paisible de la cathédrale ou le respect de son autorité sur les prêtres et les fidèles. Cette constatation peut causer quelque déception aux parlementaires naguère attachés à la célèbre formule : « Nous ne voulons connaître aucune autorité religieuse, mais seulement des citoyens exerçant librement leur culte » ; mais l'article 1134 du Code civil et l'article 1er de la loi de 1905 se chargent de ramener l'équivalence entre les deux parties de cette maxime arbitrairement opposées l'une à l'autre. Il n'existe entre elles qu'une différence verbale, et on peut penser que nous trouvons ici une justification nouvelle de l'adage : « Plusieurs chemins mènent à Rome ».

Ces constatations tendent à démontrer que le législateur de 1905 n'a recueilli aucun bénéfice effectif de la persévérance qu'il a mise à refuser

de reconnaître l'existence des Églises. La hiérarchie et l'orthodoxie n'y ont rien perdu et même
elles;y ont gagné un extraordinaire privilège *dont
ne jouit en France aucune autre association.*

Si on en avait le loisir et si le bienfaisant régime nouveau de l'union sacrée ne rendait cette
démonstration surannée, on pourrait montrer ici
comment la jurisprudence a encore ajouté, en faveur de l'Eglise catholique, au texte de la loi de
1905, un privilège singulier, exorbitant, comme
disent les jurisconsultes, privilège d'autant plus
étrange qu'il n'a pu être concédé qu'au prix dè
l'abandon d'un des principes les plus certains de
la science juridique.

Lorsqu'une mesure est prise par un curé vis-à-
vis d'un fidèle, ou par un évêque vis-à-vis d'un
prêtre, il est manifeste que cette décision n'a de
valeur devant les tribunaux judiciaires, comme
d'ailleurs devant les tribunaux ecclésiastiques,
qu'autant qu'elle est conforme au droit canonique
et qu'elle n'est entachée ni d'excès, ni de détournement de pouvoir. Or, les protagonistes les plus
notoires de la réforme de 1905 ont mis une telle
insistance à proclamer que la loi nouvelle, séparant les Eglises de l'Etat, devait soustraire à l'examen des tribunaux séculiers la connaissance de

toutes les querelles relatives à l'orthodoxie et à la hiérarchie, que nos magistrats, strictement fidèles à la recommandation, et hantés à leur tour, pourrait-on dire, par la phobie des discussions pointues de la théologie moyennâgeuse, se sont empressés d'éconduire les plaignants et de se déclarer incompétents, toutes les fois que l'examen de la requête devait les amener éventuellement à critiquer. l'attitude de l'autorité religieuse, à relever contre elle un excès de pouvoir. Tantôt le juge affirme nettement son incompétence, comme le fait le tribunal civil d'Epinal, dans une affaire où il réformait sur appel une décision du juge de paix de Châtel-sur-Moselle : « Attendu, dit le tribunal, que le prêtre dans son ministère applique les règles canoniques *sans autre contrôle* que celui de ses supérieurs hiérarchiques »[1]; et le tribunal civil de Parthenay fait écho à cette doctrine en décidant que « le ministre du culte est seul juge de savoir si, *suivant des cas déterminés que le tribunal n'a pas à apprécier*, les sonneries de cloches doivent ou non s'exécuter à l'occasion d'une cérémonie qu'il vient d'accomplir[2]. »

---

1. 11 mai 1910, *D. P.* 1911.2.278.
2. 21 juin 1910, *D. P.* eodem.

Et ces juridictions d'arrondissement ne font que suivre la doctrine enseignée par la Cour de Riom qui, dans l'affaire des abbés Esdoluc et Journiac, avait affirmé « que l'abbé Esdoluc soutient vainement que sa révocation et la nomination de son successeur sont en opposition aux prescriptions édictées par le droit canon ; qu'il n'appartient pas à la Cour de rechercher si les dispositions prises par les chefs hiérarchiques sont conformes aux règles canoniques et de les apprécier ». et la Cour de Cassation avait ratifié cette interprétation en décidant à son tour, sur pourvoi formé contre ce dit arrêt de Riom, « qu'il n'appartient pas à la Cour de rechercher si les mesures prises par les chefs hiérarchiques des abbés Esdoluc et Journiac sont conformes au droit canonique et de les apprécier [1] ».

Tantôt l'autorité judiciaire prend un autre chemin, qui mène au même résultat. Ainsi, la Cour de Montpellier, dans un arrêt du 25 Juillet 1911, plus papiste que le Pape, c'est le cas de le dire,

—————

[1]. Civ. 6 févr. 1912. *D. P.* 1912.1.121. La Cour de Riom ne dit pas que l'abbé Esdoluc n'a pas rapporté la preuve de son allégation, elle dit, ce qui est très différent, qu'elle ne veut pas entendre la démonstration qu'on se propose de fournir et elle oppose la question préalable.

pose en principe que tout fidèle est toujours obligé de se soumettre à l'injonction du curé, car le refus de soumission ferait perdre automatiquement la qualité de fidèle dont on se prévaut. Etrange doctrine, qui n'aboutit à rien moins qu'à poser dans notre jurisprudence le principe de la présomption absolue d'impeccabilité au profit des autorités religieuses, et nous voilà donc bien au-delà du droit canonique lui-même ! Etrange doctrine, en vérité, dont nos magistrats ne remarquent même pas l'immanente contradiction ! Au nom des principes de l'orthodoxie et des règles de la hiérarchie, ils excluent de la jouissance des églises les prêtres en rébellion contre leur évêque, les libres-penseurs détachés de toute croyance, et, à aucun moment, ils ne songent à se demander si ces mêmes principes, ces mêmes règles, ont été intégralement respectés par cette autorité religieuse qui prétend en être la gardienne.

Lorsque le demandeur est un simple fidèle, les tribunaux ne manquent jamais de lui faire l'application des règles du droit canonique pour réprimer les excès qu'il a commis ou qu'il voudrait commettre. Si, au contraire, le demandeur est un prêtre ou un évêque, on dirait qu'aussitôt la matière devient *tabou* aux yeux des juges, et le tribunal ne se reconnait plus qu'une seule mission : celle d'entériner docilement les décisions du pouvoir ecclésiastique.

Tel est le résultat auquel a abouti le système de l' « ignorance », de la prétérition, préconisé par les interprètes les plus laïques de la loi de 1905. S'ils connaissent cette attitude de nos tribunaux, il est probable qu'ils en éprouveront quelque amertume ; mais s'ils sont animés de l'esprit de logique et de justice, ils devront aussi reconnaître qu'ils ont une large part de responsabilité dans la mésaventure. Ils ont mis un telle insistance à affirmer qu'ils voulaient *séparer*, et ils ont omis de voir ce qui, malgré tout et en dépit de tous les efforts, devait rester encore *uni, indissolublement uni.* Le résultat final est inattendu, presque comique, et, en le constatant, on est tenté de se demander si on n'est pas la victime d'une mauvaise plaisanterie. Néanmoins, on ne saurait mettre en doute l'existence du lien de dépendance qui le rattache à des prémisses explicitement adoptées et opiniâtrément maintenues.

Ici s'achève le cycle des recherches que nous

nous sommes proposé de faire, à l'occasion des applications concrètes de la loi qui a séparé les Eglises de l'État. Ces recherches aboutissent à la même démonstration finale : en chaque espèce, les droits de l'orthodoxie et de la hiérarchie obtiennent rapidement et sans difficulté la consécration la plus exacte et nulle part on ne constate une immixtion malencontreuse du pouvoir séculier dans les litiges soumis aux tribunaux. Cette consécration est à la fois si spontanée et si ferme qu'on pourrait presque donner à notre étude ce sous-titre : *Histoire des perpétuels succès remportés par l'Église catholique devant les tribunaux français.* La cause religieuse triomphe toutes les fois que le bon droit est de son côté et au, besoin, dans quelques hypothèses où des abus peuvent être soupçonnés ou même constatés. Elle triomphe contre les résistances des incroyants, des non fidèles et contre les insoumissions ou les caprices des fidèles. A aucun moment, sa constitution n'est menacée.

Notamment, il convient de signaler que la reconnaissance au profit des fidèles d'un droit personnel et distinct à la jouissance gratuite des églises n'a eu aucune répercussion fâcheuse sur les relations de ces fidèles avec les pasteurs. On aperçoit aisément en quoi cette reconnaissance d'un droit

distinct a, en certaines hypothèses, servi les intérêts religieux de la paroisse, mais si l'on recherche en quoi elle lui a été nuisible ou seulement
périlleuse, l'observation la plus attentive est incapa-
ble de relever la moindre trace des mauvais effets
si complaisamment prévus par certaines personnes. Les politiciens et les publicistes qui naguère
signalaient avec insistance les dangers du laïcisme
dans l'Église semblent avoir méconnu la puissance
des forces internes qui devaient inévitablement
préserver de ce danger, en dépit des sympathies
ou même des encouragements venus du dehors.
L'histoire dira si même leur excessive préoccupation d'un péril quelque peu lointain n'a pas été
pour l'Église catholique l'origine d'autres méprises
plus graves et plus funestes. Dans toutes les entreprises de notre vie privée ou de notre vie collective, nous sommes toujours comparables à des
équilibristes qui s'avancent sur la corde tendue ou
marchent sur des œufs : il existe pour chacun de
nous et à chaque moment d'innombrables manières de choir et la première condition pour les éviter toutes est de ne pas nous inquiéter à l'excès
de celles qui nous menacent le moins.

Les professeurs de droit administratif aiment à
rappeler qu'il existe, au sein de toute société, trois
pouvoirs : le pouvoir législatif, le pouvoir exécutif et le pouvoir judiciaire. J'ai montré la double
victoire que les faits ont remportée sur les théories
idéologiques des hommes politiques de droite et
de gauche, par la collaboration même du pouvoir
législatif et du pouvoir judiciaire.

Il resterait à montrer comment le pouvoir administratif s'est mis lui aussi de la partie, et comment il a multiplié depuis quelques années les
témoignages non équivoques de « reconnaissance
d'existence »

Mais à quoi bon allonger encore une étude déjà
si longue ? Qui ne sait que les autorités religieuses
sont rentrées pratiquement en France dans le
cercle des autorités sociales dûment reconnues ?
Elles ne figurent plus dans l'énumération du décret

de Messidor, mais on dirait que cette suppression n'a abouti qu'à rendre plus incontestable la réalité de leur pouvoir. Il n'y a plus guère de cérémonies officielles, organisées avec la collaboration de l'autorité préfectorale, où l'on oserait aujourd'hui ne point inviter l'évêque et ne point lui accorder une place d'honneur ; et je n'apprends rien à personne en disant que, tout récemment, lors de la première réception donnée, à la fin du mois de Janvier, par M. le Président de la République, l'entrée, dans les salons de l'Elysée, de S. E. le Cardinal Dubois accompagné de Mgr. Roland-Gosselin, évêque auxiliaire, et de Mgr. Baudrillart, Recteur de l'Institut Catholique, fit sensation dans toute l'assistance ; quels que fussent les sentiments de chacun, tous comprirent qu'il n'y avait là que la manifestation d'une réalité sociale dont on peut, suivant ses préférences personnelles, se réjouir ou se chagriner, mais qu'il n'est au pouvoir de personne de contester.

Ainsi les trois pouvoirs ont collaboré, chacun à leur place, à assurer la victoire des forces profondes de la vie sociale, et à infliger à tous ceux qui, à droite et à gauche, les avaient méconnues, la plus humiliante contradiction.

V

CONCLUSIONS.

De cette longue étude se dégagent de nombreuses conclusions, que le lecteur, s'il a eu la patience de nous suivre jusqu'au bout, aura su lui-même mettre en lumière. Je signalerai seulement celles qui me paraissent ne pas obtenir de l'opinion publique un crédit proportionnel à leur importance.

Parmi ces conclusions, il en est une qui, vu la préoccupation du moment, semble logiquement se présenter la première à l'esprit : elle concerne la constitution d'associations canonico-légales et l'opportunité de cette constitution. Je glisserai pourtant très rapidement sur ce premier enseignement et on se tromperait beaucoup si l'on croyait

que le présent ouvrage a eu surtout pour dessein
de faire entendre un plaidoyer en faveur d'une
tactique déterminée.

Je n'ai aucune raison de cacher que je serais
sympathique à cette mise en œuvre loyale et sincère de la loi de 1905, je crois que la période actuelle — qui ne sera peut-être pas aussi longue
que certains intransigeants de droite le supposent
— serait très favorable à cet essai et je crois aussi
que l'Eglise et la Société civile pourraient en retirer de substantiels profits. Cette conviction est
d'ailleurs parfaitement avouable, puisqu'il est
avéré que le gouvernement français désire cet
essai et que le chef suprême de l'Eglise se préparait à « suspendre » l'interdit prononcé naguère
contre les associations cultuelles prévues par la
loi de 1905; seule une levée de boucliers, *qui a
causé quelque surprise*, a pu retarder jusqu'ici
une manifestation publique de la volonté du pontife romain. Cette intention était si précise que
le texte même des déclarations à faire par le Gouvernement français et l'autorité pontificale avait
été arrêté.

Mais à voir le ton injurieux et violent de certaines polémiques, il ne me plait pas de me mêler
actuellement à la bagarre, et comme les autorités

responsables, religieuses et civiles, sont saisies, il
me paraît plus logique d'attendre patiemment et
en toute sérénité la solution à laquelle elles croi-
ront devoir s'arrêter. Aussi bien cette sérénité
s'appuie-t-elle sur la conviction que les fautes, s'il
s'en commet, trouveront leur châtiment automa-
tique. Depuis cinquante années, les porte-paroles
plus ou moins autorisés ou qualifiés des deux sociétés ont donné beaucoup de conseils funestes et
fait commettre beaucoup de fautes : on en peut
mesurer le résultat et c'est principalement pour
montrer une fois de plus la vanité des combinaisons réputées savantes des politiciens de droite et
de gauche et leur défaite piteuse par les puissan-
ces irrésistibles des forces sociales, que la présente
étude a été poursuivie.

Les mauvais bergers ont si peu de contact avec
les réalités du monde social et leurs assertions
bruyantes réussissent si souvent à tromper l'opinion qu'il m'a paru nécessaire de fournir une relation exacte et méthodique du *fait*, afin de mettre les hommes de bonne volonté et d'esprit droit
en mesure de se prononcer; mais là s'arrête mon
dessein.

Il est incontestable que le double mal que l'autorité religieuse redoutait le plus et dont la crainte

a suscité une si vive opposition à la loi de 1905,
ne s'est pas produit. On craignait que l'indifférence du pouvoir social à l'égard de l'orthodoxie
ne favorisât l'hérésie et que l'affectation du législateur à ne « connaître » que des citoyens exerçant
leur culte ne développât le laïcisme dans l'Eglise.
Or, sur ces deux points, l'effet redouté ne s'est pas
produit : depuis 1905, comme auparavant, le fidèle
est tenu de respecter le pouvoir de discipline et de
police de son curé ou de son évêque, le prêtre hérétique ne peut célébrer l'office dans l'église paroissiale
et de même l'incroyant n'a pas le droit de se servir
de l'église pour un usage qui n'est pas explicitement
conforme à celui que prescrit la liturgie catholique.

Sans doute, comme nous l'avons dit, les craintes naguères entretenues n'étaient point dénuées
de fondement, mais en tout cas le fait est là. Ce
qu'on peut dire et ce que l'on doit dire, de quelque manière qu'on veuille expliquer ce résultat,
c'est que l'événement n'a pas répondu aux prévisions, aux craintes des uns, aux espérances secrètes, équivoques ou avouées, des autres.

Encore une fois, les tribunaux de la République respectent et font respecter les droits de la
hiérarchie, et ils veillent attentivement au maintien de l'orthodoxie.

On allègue, il est vrai, que ce premier fait est de médiocre valeur sociale et n'offre qu'une insuffisante garantie, car, dit-on, une interprétation jurisprudentielle peut se modifier et il n'est pas certain que l'interprétation libérale et satisfaisante qui a prévalu depuis quinze années soit maintenue demain.

Je veux croire à la parfaite bonne foi des hommes qui formulent cette objection, mais qu'ils me permettent de leur dire que leurs craintes sont entièrement vaines et si je réussis à me faire comprendre, un des desseins de cette modeste étude est justement de montrer comment la force des choses qui, déjà en 1905, avait réussi à imposer au législateur des textes compromettants pour son laïcisme idéologique, a réussi encore à imposer à une magistrature peu suspecte de cléricalisme, une interprétation seule compatible avec les textes et les besoins les plus certains de la vie sociale.

A Dieu ne plaise que je veuille ici me livrer à aucune insinuation désobligeante à l'égard de nos magistrats; mais, tout de même, bien d'autres avant moi ont contesté leur impartialité, et, après les déclarations formulées à maintes reprises par des témoins dignes de foi, notamment à la tribune de la Chambre des Députés au cours de la discussion du budget de 1911, on a le droit de dire que ce ne sont pas les doctrines et les préférences gouvernementales qui ont le plus souffert des défaillances accidentelles de l'impartialité de nos magistrats. Au cours de cette étude même, il nous a été donné de relever, à plusieurs reprises, les preuves de l'empressement des Parquets, et parfois même de l'excessive bonne volonté de quelques tribunaux inférieurs, à répondre aux sollicitations gouvernementales. Et aussi qui pourrait, sans s'exposer à un éclat de rire, accuser de « pacte sournois avec la réaction » les maires de maintes de nos communes très avancées, nos préfets toujours placés sous l'œil vigilant de la Place Beauveau, nos ministres et le Chef de l'Etat lui-même ?

Ainsi, le fait social apparaît dans toute sa pureté, pourrait-on dire, dans toute sa netteté, dans toute la vigueur de sa spontanéité propre. Si le régime nouveau de « reconnaissance » de l'Eglise catholique a prévalu, il n'y a réussi que grâce à sa force interne, grâce au dynamisme, plus puissant que toutes les coalitions, dont sont dotées les institutions sociales véritablement vivantes et fécondes.

L'interprétation donnée à la législation de 1905 échappe donc aux contingences ; aucune force ne pourrait la muer demain en une interprétation contraire, et elle est de taille à se maintenir par elle-même, parce qu'appuyée sur des réalités sociales incompressibles. Tous les juristes ont gardé le souvenir de certains revirements de jurisprudence, mais ceux-ci n'ont aucun rapport avec celui dont quelques logiciens, étrangers d'ailleurs à la vie réelle de nos prétoires et au maniement de nos recueils, persistent à nous faire entrevoir la menace. Encore une fois les textes de 1905 et de 1907 sont parfaitement clairs et précis et nous ne sommes pas plus exposés à entendre un tribunal déclarer que l'orthodoxie d'une association cultuelle lui est indifférente qu'à entendre affirmer demain que la loi française consacre le principe de l'indissolubilité du lien conjugal. La fixité de la jurisprudence établie sur la loi de 1905 est donc certaine et il est assez piquant de la voir contester par des publicistes qui insistent au contraire avec complaisance sur les garanties de stabilité que donnerait une loi nouvelle, reconnaissant explicitement les droits de la hiérarchie. Si les lois sont aussi stables qu'on l'affirme, comment se fait-il qu'on se vante d'obtenir la modi-

fication d'un texte qui ne date que de quinze années, et comment se fait-il que les réclamants
soient, en d'autres polémiques, si empressés à rappeler qu'aucune loi ne saurait être intangible ! Il
faudrait choisir entre ces arguments contradictoires et opter une bonne fois entre des thèses qui
ne sont pas interchangeables.

Pour en finir avec ces étranges raisonnements,
signalons aussi une deuxième objection qui retient
encore quelques hommes de bonne volonté. Si
l'on accepte, disent-ils, la législation de 1905-1907,
cette acceptation aura pour effet de reconnaître
la compétence des tribunaux judiciaires, pour juger des questions incidentes d'orthodoxie et d'hétérodoxie, et cette compétence du juge laïc est
contraire à l'autonomie de la Société religieuse.

Avec Mgr. Chapon et à sa suite, je signalerai
que, quoi qu'on fasse, une telle intervention sera
toujours nécessaire « aussi longtemps que nous
posséderons des biens, qu'il existera des voleurs
capables de nous les disputer, et que nous n'aurons pas à notre disposition le bras séculier pour
nous défendre nous-mêmes ». Le régime des « fondations » préconisé par certains ne résoudrait pas
mieux la difficulté ; de toute manière, le droit de
contrôle du pouvoir séculier s'exercera, et de

toute manière aussi les catholiques auront besoin, pour protéger leurs « fondations », du concours de l'autorité séculière.

Quoi qu'on fasse et quoi qu'on veuille dire, les « fidèles », par cela même qu'ils sont en même temps des hommes vivant dans une société séculière, sont insérés au milieu des institutions civiles et judiciaires de cette société, et tout effort qu'ils tenteraient pour s'en dégager ne fait que mieux attester la réalité du lien qui les y rattache.

Puisque nos sociétés modernes reposent essentiellement sur le principe qu'il ne saurait y avoir d'Etat dans l'Etat, il n'est point possible que la garantie des droits patrimoniaux d'un individu ou d'une association puisse jamais être assurée sans le concours de l'autorité judiciaire. Les catholiques n'ont point à redouter les dangers éventuels de ce concours ; ils constituent une association à statuts parfaitement définis et précis, et les principes les plus élémentaires de la science juridique obligent l'autorité judiciaire à respecter pleinement les statuts de cette association, comme de toutes les autres. Lorsqu'une question d'orthodoxie est posée devant le tribunal, celui-ci doit naturellement, s'il éprouve des doutes, ren-

voyer devant des experts qui en décideront.
comme il le fait tous les jours en tant d'autres
matières; et naturellement aussi, pour le choix de
ces experts, il doit suivre les règles ordinaires de
la procédure et désigner des experts compétents,
judicieux et impartiaux. Si, de propos délibéré, le
tribunal choisissait des experts dont la compétence ou l'honorabilité pût être contestée, n'ou-
blions pas que les juges s'exposeraient à la procédure de prise à partie et violeraient leur devoir
le plus essentiel.

A maintes reprises, depuis quinze années, les
tribunaux de la République ont eu à trancher des
questions d'orthodoxie, et l'aisance avec laquelle
ils ont résolu ces questions, beaucoup moins épi-
neuses que tant d'autres qui leur sont quotidien-
nement soumises, n'a d'égale que la parfaite correction avec laquelle ils se sont acquittés de leur
mission.

Encore une fois, je suis très persuadé que les
ardentes polémiques soulevées autour de cette
question des associations cultuelles canonico-légales tomberaient d'elles-mêmes, si l'on consentait à éliminer les arguments de médiocre qualité
qui en encombrent les abords.

Mais j'ai hâte d'arriver aux autres conclusions

sociologiques qui se dégagent de l'étude des faits.

Une courte expérience de quinze années a suffi pour montrer à tous quel sens restreint il convient d'attacher, surtout en ce pays de France, à ce qu'on appelait pompeusement la « séparation des Eglises et de l'Etat ».

Sous le régime du Concordat en 1801, il existait une union entre l'Etat et les Eglises, celles-ci recevant du pouvoir séculier un concours précis et se soumettant, en revanche, à des contrôles déterminés.

En 1905, on a voulu séparer ce qui était uni, et même nous savons que les doctrines séparatistes ont été formulées avec une particulière rigueur, puisqu'on alla jusqu'à déclarer qu'on ne « reconnaissait » désormais l'existence d'aucune Eglise.

Sans pitié et sans ménagement, l'expérience a fait justice de cette prétention. Rarement vit-on les faits bafouer avec plus de désinvolture ce qui était pourtant la « grande pensée » des docteurs de l'esprit nouveau! Non seulement la magistrature de la République laïque a mis tous ses soins à sauvegarder les droits de l'orthodoxie, mais l'autorité administrative elle-même, à tous les degrés de l'échelle, — aussi bien dans les moindres

mairies de nos villages que dans les préfectures
et les ministères, et, plus haut encore, à l'Elysée
— ne cesse de témoigner que les autorités religieuses sont désormais associées officiellement à
toutes les solennités de la vie nationale. Brutale
revanche des faits qui ne peut surprendre que les
personnes peu renseignées.

A l'égard des institutions sociales qui corres-
pondent vraiment à des réalités, le pouvoir public
est libre d'adopter l'une ou l'autre des deux atti-
tudes opposées; mais, en tout cas, il en est une
troisième, celle-là même que l'on préconisait, et qui
lui est toujours interdite. La première est celle de
l'hostilité et de la répression, du genre de celle
qu'à l'automne 1920 le Ministère Leygues adopta
à l'égard de la Confédération Générale du Travail.
Suivant les cas, on aboutit par cette méthode à des
sanctions civiles ou pénales, à moins qu'on ne
préfère recourir à un système de contrôle administratif sévère et d'autorisation, comme le fît la
loi du 1er juillet 1901, à l'égard des Congrégations.

Une deuxième attitude est possible : celle de la
sympathie, de la bienveillance et de la faveur.
Suivant les degrés de cette sympathie, le pouvoir
social accueille, encourage, subventionne même,
l'institution dont il s'agit. Ainsi, depuis plusieurs

années, nous voyons le Gouvernement Français
ne perdre aucune occasion de manifester ses bons
sentiments à l'égard des sociétés de secours mu-
tuels et de toutes les entreprises de la mutualité.

Lorsque, pour des raisons diverses, le pouvoir
public ne veut adopter aucune de ces deux attitu-
des, il lui paraît souvent habile de se réfugier dans
un tiers parti, celui de l'indifférence, de l'abstention, de la prétérition. Mais le malheur veut que
ce tiers parti soit justement celui que les faits to-
lèrent le moins et ceux-ci ne tardent pas à donner vertement leur réplique. On l'a constaté une
fois de plus depuis 1905.

On avait oublié que, dans une société civilisée.
où il est interdit au citoyen de se faire justice soi-
même, il existe toujours pour les particuliers un
moyen de contraindre le pouvoir social à s'occuper d'eux et même, humiliation suprême, de le
forcer à mettre à leur service ses pouvoirs de police et de contrainte. Inévitablement, des conflits
surgissent entre les individus et pour les trancher,
l'autorité judiciaire saisie est obligée de « dire le
droit » et de mettre en mouvement la force publique.

Bien plus, l'autorité administrative est bientôt
obligée de se mettre aussi en branle, notamment

à l'occasion des manifestations publiques des cultes et des religions. En quel pays a-t-on jamais rencontré un pouvoir social assez indifférent pour déclarer qu'il lui importe peu que ces réunions cultuelles soient une occasion de désordres et de troubles ? Il est le gardien-né de la paix publique et nous voilà très loin de la séparation rêvée. Entre l'État français et ces fidèles qui rendent à Dieu un culte public et qui ont stipulé qu'ils le voulaient rendre suivant des règles rituelles et des formules dogmatiques minutieusement déterminées, aucune séparation n'est possible, parce que ces fidèles ne sont autres que des citoyens exerçant leur activité dans une direction que l'humanité a presque toujours considérée comme licite et le plus souvent comme bienfaisante. L'État peut rester neutre, en ce sens qu'il recommande à son personnel de l'ordre *administratif* de se désintéresser du succès de leurs efforts religieux et de leur propagande, mais à ce point précis s'arrête son désintéressement : pour les raisons que nous avons exposées. les Églises sont au contraire parmi les institutions sociales qui s'imposent le plus à la « connaissance » et à la « reconnaissance » des pouvoirs publics. A défaut de la sympathie, on pourrait aller jusqu'à l'hostilité et à la répression pénale, mais ce serait encore une manière de reconnaître. De quelque côté que l'on se tourne, un seul parti demeure interdit, celui-là même qui avait les préférences des auteurs de la loi de 1905.

Il y a tout autre chose que l'effet d'un hasard dans cette double contrainte qui s'est exercée sur l'Etat Français, simultanément obligé de reprendre à l'extérieur les relations officielles avec le Vatican et de « reconnaître » à l'intérieur l'organisation traditionnelle du culte catholique. Il faut souhaiter que la leçon ne soit pas perdue et les conservateurs auraient tort de penser qu'elle ne s'adresse qu'à leurs adversaires : avec leur impartialité coutumière, les forces sociales sont préparées à la répéter aussi souvent qu'il le faudra et, sans être prophète, je puis annoncer que l'expérience se renouvellera au profit d'autres groupements encore [1].

Les institutions sociales, aussi longtemps que

---

1. Un jugement récent du Tribunal correctionnel de la Seine a prononcé la dissolution de la Confédération Générale du Travail et, du point de vue juridique, ce jugement paraît pleinement justifié. Combien, tout de même, il serait vain de croire que la C. G. T. sera ainsi condamnée à la disparition. Un jugement ne suffit pas pour supprimer un organisme qui est vraiment capable de vie, pas plus que l'amitié des Pouvoirs Publics ne suffit à donner de la vie à un groupement mort-né.

la sève vitale alimente les tissus de leur organisme, ressemblent à ces êtres fabuleux qui, toujours capables de reparaître sous des formes nouvelles, échappent à l'étreinte de nos mains, au
moment même où nous nous croyons assurés de
les saisir. Parce que nous brisons le moule qu'elles avaient adopté, nous croyons les avoir frap-
pées à mort, ignorants que nous sommes de leurs
aptitudes toujours renouvelées à découvrir des
moules inconnus, suivant les besoins et les circonstances. Les eaux que déverse une source
jaillissante ne s'inquiètent point de savoir comment elles trouveront leur chemin : il leur suffit
de savoir que la source continue de jaillir et que
sa fécondité est inépuisable.

Cette observation nous conduit naturellement à
une autre, dont l'importance n'échappera, je l'espère, à aucun esprit averti.

C'est un fait certain et incontestable que la doctrine et les institutions catholiques jouissent maintenant, auprès de l'opinion publique, d'une sympathie et d'un crédit qui leur étaient refusés il y
a vingt ou trente années. A Dieu ne plaise que je

paraisse ici regretter ce revirement de l'opinion et cette modification de l'attitude des pouvoirs publics à l'égard de la religion catholique dont je suis le fidèle; pourtant, poursuivant mes études sociologiques, j'ai le droit de signaler que cette faveur même des pouvoirs publics pourrait devenir un danger, si elle s'accompagnait, chez les catholiques, d'une diminution de leur activité apostolique et conquérante. Lorsqu'on s'est cru exposé à un cataclysme terrible, et qu'au sortir de l'épreuve on se retrouve vivant, en possession de ses quatre membres, et que même on retrouve sa maison à peu près habitable et suffisamment en ordre, il est naturel qu'on éprouve un sentiment de soulagement et que, plus enclin au repos qu'à la bataille, on oublie la nécessité quotidienne de l'effort. Tant que dura la grande commotion de la séparation, il se manifesta parmi les fidèles, désormais avertis de n'avoir à compter que sur leurs propres forces, un grand désir d'action et d'apostolat : pour les meilleurs, ce fut comme un « revival », comme un renouvellement des cœurs et des énergies, tandis que, pour d'autres, il est vrai, ce ne fut parfois qu'une occasion de bruit et de manifestations.

Quoi qu'il en soit du mélange de ces activités

diverses, ce fut l'âge héroïque et au spectacle de cette ardeur reconquise le pape Pie X annonçait naguère « que l'Eglise de France allait retrouver l'éclat et la prospérité des anciens jours ».

Or, quinze années se sont écoulées depuis la promulgation de la loi du 9 décembre 1905. La situation intérieure et extérieure de la France s'est profondément modifiée, et ces mêmes pouvoirs publics qui, il y a seize années, rompaient brutalement les relations diplomatiques et, au dire de M. Clémenceau, « se comportaient comme des goujats », prennent maintenant l'initiative de les renouer. Curieux retournement, sur les causes profondes duquel les catholiques judicieux doivent réfléchir avec méthode et sans parti-pris! Ce qui l'a produit, ce ne sont ni les meetings bruyants, ni les manifestations violentes, mais au contraire l'activité patiente, silencieuse, féconde, des bons catholiques qui ont vraiment travaillé à convertir des âmes, qui ont fourni un bon service social, qui ont cultivé en eux-mêmes et autour d'eux la croyance sincère aux dogmes de la foi et la soumission effective de la volonté aux préceptes moraux qui en sont le corollaire.

En 1880, les décrets sur les congrégations enseignantes d'hommes furent l'objet de protesta-

tions énergiques et bruyantes. Vingt ans plus
tard, les articles de la loi du 1er juillet 1901 relative aux congrégations religieuses donnèrent lieu
à des manifestations tumultueuses. En 1904, la
loi prononçant l'interdiction d'enseigner contre
les membres des congrégations religieuses fut
aussi l'objet de résistances bruyantes. Enfin, en
1906, les inventaires prévus par l'art. 13 de la loi
de 1905 suscitèrent les coalitions sonores dont on
a conservé le souvenir, et on se rappelle encore certains «Messieurs» qui escortèrent les évêques chas-
sés de leur palais épiscopal, alors même que leur
vie privée les recommandait parfois assez peu
pour figurer au premier rang d'une pareille es-
corte. A Paris on vit, à l'époque des inventaires,
de pieux curés injurieusement suspectés par leurs
paroissiens en révolte. En dépit de ces résistances,
de ces mouvements dans la rue, de ces manifestations violentes, ces différentes lois furent appliquées, et intégralement. En 1904, quatorze mille
écoles furent fermées et en 1906 on procéda aussi
aux inventaires dans toutes les églises.

D'autre part, dès les premiers jours de sa mise
en application, la loi du 9 décembre 1905 recevait
les plus humiliantes contradictions, et pourtant
les catholiques n'avaient point organisé de mee-

tings, ni de manifestations violentes. Le dimanche 13 décembre 1905, ils se contentèrent d'aller, comme de coutume, à la messe dominicale, et comme ils étaient ainsi plusieurs centaines de mille très décidés à adorer leur Dieu dans ces mêmes églises où ils avaient jusqu'alors prié, ils annulèrent *ipso facto* et de leur autorité propre l'article de la loi de 1905 qui décidait que les églises seraient mises seulement à la disposition des associations cultuelles régulièrement constituées. Ils ne firent pas davantage la déclaration exigée pour la tenue de réunions publiques, et pourtant on ne leur dressa aucun procès-verbal. De même la loi du 2 janvier 1907 exigea la déclaration préalable, *sur la demande même du Gouvernement*, qui avait sans doute la volonté et croyait avoir le moyen de faire respecter la loi; derechef, les catholiques s'abstinrent de toute manifestation et persistèrent dans leur attitude; moins de trois mois plus tard, la loi était modifiée.

Ces exemples de réussite, comme aussi ceux d'échec, qui les avaient précédés, doivent être méthodiquement analysés et longuement médités; on doit les rapprocher d'ailleurs de beaucoup d'autres qu'il serait facile d'emprunter à l'histoire du parti républicain ou des groupements socia-

listes français; de tous se dégage le même enseignement que doivent recueillir les minorités vain-
cues. Ils attestent la puissance souveraine des
forces sociales effectives, tenues comme en réserve
dans les couches profondes de la vie individuelle.
Lorsque ces forces font défaut, les manifestations
et les mouvements de résistance, si habilement
combinés ou dirigés soient-ils, échouent lamen-
tablement et *les meetings* grandioses s'agitent
dans le vide. Naguère, Montalembert disait aux
catholiques : « mes amis, soyons d'abord un fait ».
Être un fait qui dure et non pas une manifestation qui passe, être une force sociale qui agit et
travaille dans le silence et non pas un éclat, un
bruit ou un tumulte, oh! la belle et puissante
chose! et quelles victoires ne sont pas réservées à
ceux qui apprécient cette beauté et savent par le
sacrifice s'assurer le bénéfice de cette puissance.
Tout le long de l'histoire, les annales des sociétés
humaines racontent l'incompressible force du labeur profond, de l'effort qui ne recherche ni l'éclat,
ni le bruit. Les nobles serviteurs de l'idéal républicain qui, à la suite du coup d'État de 1851, brisèrent leur carrière administrative ou prirent le
chemin de l'exil ont plus contribué à l'avènement
de la Troisième République que les comités élec-

toraux ou les orateurs politiques ; de même la petite cohorte des socialistes militants qui, entre 1870
et 1885, acceptait avec courage les épreuves et les
tribulations, préparait les victoires du lendemain.
Aujourd'hui encore tel jeune ouvrier chrétién, sil-
lonniste d'hier, qui dans un atelier industriel
donne à ses camarades l'exemple de la pureté parfaite, de la discipline consciente et du dévouement
à toute infortune, agit plus efficacement en faveur
du respect des droits de l'Église que ne l'ont jamais
fait toutes les manifestations contre les inventaires.

Il y a quelques années un philosophe qui fut un
catholique de haute science et de grande perspi-
cacité, M. George Fonsegrive, écrivait, à propos
d'une réunion où l'on discutait sur le monopole
de l'enseignement :

L'indignation, la colère même dominaient. Des avocats
parlaient d'entreprendre une campagne de conférences, des
dames disaient qu'il fallait opposer la force à la force, défendre les armes à la main les écoles menacées, organiser par
tout le pays la grève scolaire. — Il faut reconnaître que,
si tout le monde les approuvait, personne n'avait l'air de
croire à la durée, à l'efficacité de ces résistances.

» Un vieux médecin, qui jusque-là avait écouté sans mot
dire et qui semblait considérer d'un œil lointain toute cette

agitation des consciences, des esprits et aussi des corps, car les voix s'étaient élevées et les gestes inclinaient à la violence, prit à ce moment la parole sur un ton très faible et très mesuré qui imposa le silence et qui força l'attention. Il disait :

« Pas plus que vous tous, je ne sais ce qui adviendra. Ce que je sais bien, c'est que vous n'empêcherez rien, et que tout ce qui se fera se fera en dépit, ou en dehors, ou sans tenir compte de toutes vos résistances et de toutes vos oppositions. Vos conférences, vos articles de journaux, vos manifestations ne produiront aucun résultat, sauf peut-être des résultats tout contraires à ceux que vous espérez. Comme toujours, vos adversaires prendront prétexte de vos agitations extérieures, de quelques gestes exagérés, de quelques paroles imprudentes pour se dire menacés. En vérité, les agités et les violents font leur jeu.

« Ce n'est pas en vous qu'est la résistance, la seule qu'ils redoutent et qu'ils considèrent, elle est dans ceux qui se taisent, dans l'âme silencieuse des mères qui tremblent pour la chasteté de leurs filles, des pères qui craignent pour la virilité, pour la santé morale de leurs fils, des frères qui savent quels furent pour leur jeunesse tous les bienfaits de la foi et qui ne veulent pas que leurs frères plus jeunes soient privés de ces bienfaits.

« Ce sont ces forces obscures et qui, je l'espère finiront, par se découvrir incompressibles, que mesurent les ennemis du catholicisme. Ils iront aussi loin qu'ils se jugeront capables de les comprimer, ils tâteront, ils hésiteront, tournant avec précaution la vis du pressoir ; ils s'arrèteront dès qu'ils sentiront que quelque chose dont ils se méfient empêche la vis de tourner. Les cris, les batailles extérieures ne leur font aucune impression. Ils sont vos maîtres et le savent bien.

« Mais ils sentent devant eux autre chose dont ils ont peur, ce quelque chose d'infiniment fort qui fit jadis les martyrs, cette énergie mystérieuse qui oppose une barrière invincible à toutes les forces brutales. C'est à alimenter ces forces secrètes, à raviver ces énergies latentes qu'il faut travailler. Raffermissez les âmes, éclairez les esprits. Faites des chrétiens, renforcez le christianisme dans les cœurs. Cultivez une à une les volontés. Travail caché, labeur que les hommes ne voient pas, seul labeur fécond. Seul labeur qui puisse arrêter l'adversaire ou le faire reculer. Labeur de prêtre, labeur d'apôtre, non d'avocat, ni de politicien ; labeur du sanctuaire, labeur du foyer et non du forum. Ce qui influe sur le vote d'un parlementaire ce n'est ni une conférence, ni un article de journal, c'est la simple parole d'un électeur isolé qui aura dit très doucement et très fermement : « Non, monsieur le député, ne faites pas ça [1] ! »

1. *La Démocratie*, 15 mai 1911. — Dans la préface de son beau livre *Bismarck et l'Eglise*, le Culturkampf, 1870-1878 (2 vol. in-16, Paris, Perrin, 1911), M. Georges Goyau écrit de même : « Si quelques lecteurs, faisant un retour sur l'Église de France, veulent trouver dans ce livre non pas seulement des raisons d'espérer, mais des méthodes défensives... je les invite... à se mettre en garde contre toute velléité d'une imitation factice et d'adaptation artificielle. Ils devront se souvenir et se bien persuader, tout d'abord, que le glorieux effort du centre allemand eut son point de départ et son appui dans des faubourgs ou dans des bourgades où la vie catholique était ardente, où la pratique catholique était régulière et presque générale, où les populations bien instruites prenaient au sérieux la foi et la discipline, et que ces millions

Admirable langage et précieux enseignement !
Soit que l'on veuille conquérir de nouvelles positions, soit que l'on s'inquiète de conserver les positions acquises, la méthode est toujours la même
et elle n'a rien de commun avec celle qui recherche surtout « le tapage », « la manifestation ».
Sans doute, les personnes agitées ou brouillonnes
sont peu préparées à reconnaître les mérites de cette
tactique, et elles ne manqueront pas de lui reprocher la difficulté de son emploi et la lenteur des
progrès qu'elle assure ; mais ces reproches injus-
tifiés démontrent seulement que les minorités qui
veulent se faire respecter et vaincre doivent ne
chercher leurs recrues que dans les milieux sociaux
capables de se soumettre aux disciplines austères
du labeur opiniâtre[1].

de catholiques, ouvriers et paysans, qui formaient dès 1871
les bataillons du centre, étaient des millions effectifs, des
catholiques effectifs, habitués de longue date à connaître
l'Église, à la servir et à l'aimer ».

1. C'est encore dans le même sens que M. Maurice Barrès,
dans son éloquent plaidoyer en faveur de nos églises, écrivait
il y a quelques années : « Les églises et les cimetières ne
peuvent être sauvegardés pleinement que dans la mesure où
la vie religieuse se maintiendra au village. Le jour où les
églises deviendraient des objets respectés à cause de leur
passé, des monuments curieux, quelque chose comme des
dolmens, des peulvans ou des cromlechs, bref de gros bibe-
lots sur les collines, elles seraient perdues, et le reproche

Au surplus, ce labeur ne devra pas seulement être opiniâtre, il devra encore, s'il veut être efficace, être résolument orienté dans le sens démocratique et s'inspirer des doctrines si opportunément rappelées par l'Encyclique *Rerum Novarum*. Et si cette condition est remplie, l'Église puisera dans cette sympathie retrouvée des masses populaires une sève nouvelle, en même temps que leur amitié sera pour elle un appui et un concours autrement précieux que celui des « hauts fonctionnaires » désséchés et satisfaits.

L'Histoire enseigne que les institutions religieuses,

d'ingratitude ne suffirait pas à convaincre les générations de les maintenir. La solidité physique des églises doit être moralement féconde, et vos cimetières bretons mériteront d'être conservés dans la mesure où les ombres des morts qui y flottent sauront encore parler aux vivants.

« Parlons, écrivons, plaidons, projetons le plus de lumière que nous pouvons sur la noble église du village. La plus belle louange que nous en pourrons dire n'est rien auprès du service que lui rend le prêtre, s'il la remplit de fidèles... Faisons des vœux pour que chaque église trouve un prêtre exemplaire. Devant ces églises, çà et là demi-désertées, demi-écroulées, je me surprends à murmurer la grande vérité, le mot décisif: « les églises de France ont besoin de saints ».

Cette tactique est donc très éloignée d'une autre qui tendrait, au besoin avec le concours des « catholiques athées » et des « fidèles sans foi », à faire « triompher l'Église, sinon dans les âmes, du moins dans la Société ».

qui veulent être autre chose qu'une façade et un décor ont souvent plus à craindre de l'amitié de César que de son hostilité.

De 1801 à 1830, il existait entre l'Eglise catholique et l'Etat un régime d'union étroite qui aboutit aux violentes manifestations d'anticléricalisme de la Révolution de 1830 et au pillage de Saint-Germain l'Auxerrois. De même, sous le Second Empire, le Gouvernement Impérial entretenait de bonnes relations officielles avec la hiérarchie religieuse, et, plus tard, au temps néfaste de l'ordre moral, les relations entre les deux pouvoirs étaient particulièrement cordiales; on sait pourtant que ces méthodes nous conduisirent au violent mouvement anti-religieux de 1877, qui a infligé à la France pendant trente-cinq années de si graves dommages.

En sens contraire, sous la monarchie de Juillet, les relations de l'Eglise et d'un gouvernement « qui ne se confessait pas » furent des relations de guerre ou de paix armée ; et cependant, en 1848, le peuple unissait dans une même acclamation la cause de l'Eglise et celle des institutions républicaines ; à soixante ans de distance, l'Histoire s'est répétée, et une longue période d'hostilité des pouvoirs publics aboutit actuelle-

ment à une reviviscence des institutions religieuses.

Encore une fois, que l'on médite longuement
cet enseignement, et que l'on se garde de confon-
dre l'Etat avec la société tout entière. Parce
qu'une société organisée ne peut se passer d'un
pouvoir public doté de la puissance de contrainte,
il ne suit pas que ce pouvoir public puisse être
confondu avec l'ensemble des organismes de la
vie sociale, ni même qu'il en représente la partie
la plus féconde et la plus importante. S'il est
vrai que, dans les années qui vont venir, les évêques de France seront en meilleures relations
avec les préfectures et la place Beauveau, qu'on
se garde de croire que cette bonne harmonie est
par elle-même une garantie qui dispense d'en souhaiter d'autres, et qu'on ne craigne pas d'étendre
son regard jusqu'aux Bourses du Travail et jusqu'à
la rue Grange-aux-Belles. Tout n'est pas illégitime,
tant s'en faut, parmi les réclamations que font
entendre les travailleurs manuels, et le nombre est
si grand des injustices consacrées par notre régime
social et économique, qu'on n'a presque jamais le
droit d'opposer la question préalable aux réclamants qui invoquent les exigences de la justice.
Sans doute, d'autres intérêts et même d'autres

appétits s'ajoutent trop souvent au souci de l'équité et leur union forme un mélange assez trouble, mais quel catholique sincère oserait aussi garantir la pureté parfaite et l'absolu désintéressement des sympathies que certains hommes politiques ou certains hommes d'industrie, d'affaire ou de finance témoignent aujourd'hui à une institution religieuse, dont l'idéal moral les laisse si souvent indifférents ? On comprend mal comment il arrive que notre œil, d'ordinaire si clairvoyant pour discerner les tares de certains milieux, soit soudainement atteint de myopie en face d'autres déformations, plus graves cependant, parce que plus sournoises et plus conscientes.

En serait-il ainsi, si les désirs sincères de probité et de justice guidaient vraiment notre conduite ? Serait-on aussi enclin à atténuer, à édulcorer, à affadir, au moment même où, en cohortes beaucoup plus nombreuses qu'on ne croit, se pressent les hommes qui attendent de l'Eglise la proclamation de la morale intégrale, de cette morale qui serait pour eux « la moëlle des lions » ? Pourquoi tant de réticences ? Pourquoi tant d'hésitation à faire entendre enfin sur les grands sujets modernes la parole libératrice ?

Trois forces collaboreront à l'organisation de

nos sociétés contemporaines : la science, la démocratie et la religion. C'est un grand malheur
lorsque la troisième paraît se séparer des deux
autres ou même, parfois, se retourner contre elles.

Rarement les temps furent plus favorables à
un apostolat qui servirait également les intérêts
de l'Eglise et de la patrie ; si les catholiques sont
préparés à en comprendre les conditions et à en
accepter les joyeux efforts, s'ils savent notamment
se préserver des combinaisons politiques et des pré-
tendues sagesses d'un conservatisme égoïste ou
peureux, de splendides et prochaines perspectives
s'ouvrent devant eux. La conception « laïque » de
la destinée humaine apparaît comme manifestement impuissante à soutenir la vie sociale et à
justifier les abnégations indispensables à son entretien. De cette impuissance les chrétiens convaincus ne sont plus seuls à prendre conscience. Ce
retournement des esprits est singulièrement favorable à une propagande religieuse et morale, que
l'on saurait maintenir exclusivement religieuse et
morale et il n'est pas jusqu'à la multiplication des
pratiques anticonceptionnelles, des avortements et
des innommables souillures du lit conjugal. qui ne
tende, par l'élimination rapide des débauchés, des
égoïstes et des luxurieux, à assurer, dans la cité.

la prépotence prochaine des catholiques sincères et courageux.

Que les catholiques se mettent donc résolument à la tâche qui les attend ; en l'entreprenant, ils s'apercevront bientôt qu'ils ont mieux à faire qu'à s'arrêter aux susceptibilités méfiantes d'un légalisme tâtillon. [1]

[1]. Je puis ajouter que ces conclusions pourraient être appuyées du commentaire si curieux et si persuasif que leur donne la publication récente des *Mémoires du Cardinal Ferrata*, qui fut naguère nonce à Paris. On ne saurait trop recommander, après le Pape Benoît XV, la lecture de cet ouvrage, autour duquel se fait la conspiration du silence. J'extrais seulement un passage :

« *En France, sauf dans un petit nombre de départements, les*
» *masses sont indifférentes* : espérer un soulèvement de ces
» masses pour des motifs purement religieux, c'était une
» chimère ; ce sera toujours une chimère. Si l'on veut un
» jour mériter un pareil succès, il faut d'abord soigner
» l'âme de la France, s'occuper des masses, aller à elles, dé-
» raciner les préjugés anti-religieux, faire descendre dans
» les couches profondes du peuple l'influence bienfaisante de
» la religion ». (T. I., p. 51).

FIN

Table analytique des Matières

un Ministre des cultes pourfendeur, p. 47 ; — et battu, p. 48.

III

La deuxième victoire des faits : la Jurisprudence

A) *Les relations des fidèles ou des ministres du culte avec les dissidents, notamment avec une autorité municipale hostile.*

Un occupant sans titre juridique, dont le titre pourtant en vaut bien d'autres, p. 53 ; — L'arrêt de Dijon du 1er avril 1909, p. 56 ; — le jugement du Tribunal de Moissac, du 20 juin 1911, p. 60 ; — Le curé et le maire de Mandacou devant le Tribunal de Bergerac, 12 juillet 1909, p. 68 ; — L'abbé Cavaillé, desservant de l'association cultuelle de Puymasson, devant la Cour d'Agen, 19 juillet 1909 ; — L'abbé Fatôme devant le tribunal de Brive, 23 décembre 1908, p. 87 ; — L'association cultuelle de Sains les Fressin devant le Conseil d'Etat, 28 juillet 1911, p. 94 ; — L'affaire de la paroisse Saint-Georges de Lyon, p. 106 ; — Le droit du curé et du fidèle sur l'église est un droit exclusif de tout autre droit de jouissance et exclut tout autre acte d'usage, même non malicieux, p. 111. Le jugement du Tribunal de Château-Chinon du 23 juillet 1908, p. 113 et l'arrêt de Bourges du 16 juin 1909 p. 115 ; — Les sonneries *civiles* des cloches et le jugement de Montpellier du 19 mars 1909, p. 122 ; — ainsi l'unanimité est complète p. 130 ; — et les tribunaux n'ont éprouvé aucune difficulté à vérifier l'orthodoxie. p. 132 ;

IV

La deuxième victoire des faits : la Jurisprudence (*suite*).

V

Conclusions

———

Imprimerie Générale de Châtillon-sur-Seine. — Euvrard-Pi.